林 由人
Hayashi yuto

「つらい」と
思っている人へのエール

あなたは本当に魅力的な人間ですね

幻冬舎MC

――僕はこう書きました。そして、声に出して言っています。――

「僕は本を出しました」「その本は魅力的な本です」「その本はベストセラーです」「僕は言葉の魔術師です」「僕は文章を書く天才です」「僕は魅力的な文章を書いています」「あっというまに一冊の本が出来上がりました」

「僕は自分を癒すのが趣味です」

「元気がでちゃう本」

「楽しくって楽しくって仕方がないんだよー!」

――未来の自分を描くのは、本当に楽しいのです(^^)　願望もありますが>_<;

……大変おもしろい本なのでぜひ読んでください。――

まえがき

「幸せになりたいですか？」と聞かれたら「もちろん」と答えるでしょうね。その幸せを私は掴み取りました。そのことを書きたいと思います。皆さんもまねしていいですよ。

「この本を読むと漏れなく幸せが付いてきます」って私が言ったらあなたは信じますか？

こんにちは、林由人《はやしゆうと》といいます。ただのサラリーマンです。これから脱皮していろいろなものに変化すると思いますが、とりあえず今はただのサラリーマンと言っておきます。

そのただのサラリーマンの私が本を出すことになりました。簡単にこの本の内容を話しますと、人生にはいろいろなことが起こるけれども、つらいことは乗り越え、楽しいことは受け入れるという、シンプルなことをやっていこうということです。

そして、あなたがこの本を手に取ってくださったことに感謝します。これも何かのご縁だということですね。

さて、私がこの本を出すまでには、本書の中でお話しさせていただいているように、紆余曲折がありました。それらを乗り越えとうとう完成しました。そして縁というものに感謝しているのです。さらに言うと、いろいろなことがつながっているということも分かってきました。

この本の出版に際し、大変協力いただいた株式会社幻冬舎ルネッサンス新社の佐藤さん、渡邊さんには、改めてありがとうと言いたいです。

「サンキューベリーマッチ」

ご両人とは大変いいご縁で会うことができたことに感謝いたします。

私の経験を活かして、皆さんが幸せになっていただければいいなと思っています。

皆さんが楽しいなと思い、幸せだなと思える人生を送れることを願っています。

「つらい」と思っている人へのエール
あなたは本当に魅力的な人間ですね

「つらい」と思っている人へのエール
あなたは本当に魅力的な人間ですね／目次

1章
つらいことは自分で乗り越えろ

2章 なりたい自分になる

3章 実行と自信

4章 自分のことを言える環境

5章 本を出す

6章
楽しいことをしていこう

7章 最後に

1章

つらいことは自分で乗り越えろ

現状

まえがきでは僕の名前だけは書きましたが、もう少し、自分のことを語らせてください。僕の今の状況です。

「突然ですが、僕、離婚しました！」

「ということで、バツイチ独身です」

「そして年齢は五十二歳」

さて、僕の今の状況を聞いて皆さんはどう思われましたか？

「五十二歳で離婚かぁ。きついなぁ」とか「かわいそうにね」とか思われる人もいるかと思います。

僕も離婚を決めた時は、気持ちが落ち込みました。なんともいえない寂しさや悲しさ、怒りの感情も噴き出てきました。通勤の車の中でも「離婚かぁ」と気が付けば呟いていました。

そして「離婚」という言葉に対する周りの反応が気になって仕方がありませんでした。「僕、離婚します」と言ったらどう思われるだろうかと気になって気になって仕方がなかったのです。

不眠症になり、仕事をしていても「はあぁー」と力のないため息の連続でした。

僕は誰かに「助けて」って言っていました。心の中で「助けてくれー」って叫んでいました。だけど誰も助けてはくれません。苦しい状況を乗り越えるのは自分自身なのだということは分かっています。自分のことは自分で解決しなければなりませんでした。

日本では三組に一組の割合で離婚していると聞きます。僕もその中に入ってしまいました。「三分の一、三分の一、三分の一、……　……」と僕はぶつぶつと呟いていました。はっと我に返り「これではいけない」と苦笑いをして額の汗をぬぐいました。

さて、この本はどういった本でしょうか？　前向きな表現をするのなら、僕は離婚という経験を通してある大事なことに気付きました。それは自分を見つめ直し、つらい状況は乗り越えて、幸せというものを受け取って、「楽しめるんだ」ということです。つらいことを自分で乗り越えた先に何が待っているのかを、本書でみつけていきます。

言葉の力

言葉がいかに人生に影響を与えるかということをお伝えしたいと思います。

僕は、家と職場を行ったり来たり、仕事もプライベートもマンネリ化していて、少し退屈していました。そこで「少し刺激が欲しいなぁ」と言ってしまったのです。そうしたら刺激的なことが起きました。「離婚」という刺激が待っていたのです。「少し刺激が欲しいなぁ」と言ってしまっただけで、こんなことになるとは、言葉の力を実感するに至ったのです。

「それは思い込みでしょう」とか「飛躍し過ぎだ」と思わないでください。僕は「刺激」を求めていたのです。つまり今とは違う変化です。それで「刺激が欲しい」と言葉にしてしまったのです。僕の心は「言葉」に敏感に反応してしまいました。

とにかく僕が発した言葉によって離婚することになったのだと僕は思っています。

離婚にはいろいろな要因があります。一つだけの要因で離婚するということはないと思います。

僕もそうでした。我慢や苛立ちが蓄積し、相手に対する思いやりの欠如、そして会話の減少等々がありました。

お互いが我慢していたのだと思います。

しかし、僕は離婚の原因が妻にあると思っていました。妻は妻で離婚の原因は僕にあると思っていたでしょう。

僕は離婚を決めてからも平静を装い仕事をこなしていました。しかし心の中はイライラしていました。ただ、仕事っていうものは、自分の心がすさんでいても、「やりたくない」と言っても、どんどんとやってきます。僕はいつもの通り仕事をこなすしかなかったのです。人にも笑顔で接していました。

「僕はプロだから」と言って仕事をしています。何もプロ野球選手やプロのカメラマンだけがプロではなく、サラリーマンも給料をもらっているのだから、プロなのだという考えが僕にはあったのです。

ただやはり心と体のバランスが崩れていると感じたのは確かでした。ふと気が付くと「きついなぁ」と呟いていました。

怒っていいとも

僕はイライラしていました。妻に対する怒りもありました。そして、僕自身に対しても怒っていたのです。

僕はイライラや怒りを鎮めなくてはならないと思いました。

昔『笑っていいとも』という番組がありましたよね。逆に怒りたい時は怒ってもいいのです。

「怒ってもいいかなー？」「いいともー」

そうはいっても、僕は妻に対して直接怒りを爆発させることができませんでした。僕は大変気が弱いのです。僕はマイカー通勤でした。通勤時間は約一時間、たっぷりと自分の時間が取れるのです。車の中は密室です。そして都合のいいことに田舎道を走るので人の目と耳を気にしなくていいのです。

そこで通勤中（または帰宅途中）、車の中で怒っていました。僕がやったことは「このやろー」「バカヤロー」「ふざけんじゃねー」といろいろと叫ぶことでした。叫ぶというより怒鳴りまくっていました。多分、鬼のような形相だったと思います。誰も見ていないからできるのです。

怒ってもいいのです。相手に怒ることができなければ、僕みたいに車の中で叫んでもいいし、布団をかぶり隣近所に迷惑にならない程度に叫べばいいのです。

ストレスが発散されるのです。これが。

大きな声を出すっていうのはいいことです。カラオケで好きな歌を歌ってもいいし、僕みたいに車の中で叫んでみてください。きっと、スッキリしますよ。

大きな声を出すとスッキリとするのですが、むしゃくしゃするからといって、街の中では叫ばないでください。また、職場で部下や同僚に当たったり、怒鳴りつけるのもどうかなと思いますよ。他人に迷惑にならないところで叫んでくださいね。

あなたは、自分の感情を押し殺して、嫌なことをため込むだけため込んでいませんか？「嫌なことは言わない」と我慢せずに怒りや憤りを吐き出しちゃいましょうよ。

前向きな言葉

車の中で「バカヤロー」「ふざけんじゃねー」と言っているだけで、ストレスは発散するのですが、逆に「怒り」という感情が増加してしまいました。

僕は言葉の力を信じています。いいことを言えばいいことが起きる。悪いことを言えばネガティブになってしまう。「バカヤロー」と言えばストレス発散になりますが、怒りの感情は残ったままです。「怒り」という感情だけではよい方向には進まないと思いました。

僕は、それならば言葉をうまく使ってみようと考えたのです。

怒りの言葉を吐き出したら、今度は前向きな言葉で自分を癒やしてやろうと思ったのです。

しかし、よい言葉を発しようと思うのですが、なかなか出てきません。考えてみてください。離婚を決めた僕が「楽しい」って言葉を発せられると思いますか？

僕の答えはやっぱり「ＮＯ！」でした。「楽しい」とか「幸せだ」とか言える心情ではなかったのです。

しかし、僕はこれではいけないと思い、「そうだ、怒っていてもいいのだ。顔は怒っていてもいいから、そして怒鳴ってもいいから、前向きな言葉を言ってみよう」と、自分で自分の心を何回も説得しました。とうとう自分の心は「仕方ねぇなぁ。怒った顔で、怒鳴りながらでいいなら、前向きな言葉を言ってやるよ」と折れてくれました。

ようやく僕は怒った顔で「楽しくって、楽しくって、仕方がねぇんだよー」と叫びました。怒鳴りながら、何回も叫びました。眉を吊り上げ、叫んでみました（では次の言葉をビフォーアフター風のナレーションでどうぞ）。「するとどうでしょう」なぜか僕は吹き出していました。なぜか笑っていました。

脳っておもしろい

「言葉は強い」僕はまたまた実感してしまったのです。「怒鳴ること」と「言葉」どちらが勝つと思いますか？　そう「言葉」の方が強いのです。脳は言葉を受け取ります。僕が「楽しい」と言えば、脳は僕を楽しい男にしようと協力してくれるのです。

あなたは鏡を見てください。そして「怒り」の表情を作ってみてください。知っている人は知っている昔の大映映画の『大魔神』の怒りの表情になってください。知らない人はネットで調べてね。自分の顔が見えますか？　表情は怒ってますよね。それではその表情で「楽しくって、楽しくって仕方がねぇんだよー」と言ってください。いくら表情が怒っていても、いくら怒鳴っていても、「言葉」が勝ちます。そして僕は「楽しくって仕方がない」という言葉で、楽しい男になっちゃったのです。いくら怒った顔をしていても、いくら口調が荒々しくても、言っている言葉が勝つのです。

僕の脳は混乱してしまったのです。怒りながら、前向きな言葉を言っている、この矛盾に混乱している。僕って変なことをしているなって思い、「ぷっぷっぷっー」と吹き出していました。

昔、竹中直人さんのギャグで、「笑いながら怒る人」というネタがありました。竹中直人さんは天才だと思います。人間観察がするどいのでしょう。竹中さんは現在俳優でいらっしゃいますが、以前はお笑い番組にも出演されていました。人を笑わせることができる人を僕は尊敬しています。

僕は竹中さんの「笑いながら怒る人」ではなく「怒鳴りながら前向きな言葉を発する人」になってしまったのです。

そして前向きに物事を考えられるまでになりました。

僕は気持ちを持ち上げる方法を手に入れたのです。僕の心に「怒り」が湧いてきたときのルーティンはこれです。

まず、車の中で「バカヤロー」などの怒りの言葉を怒鳴りまくる（少し気が晴れます）。

その後に、怒った表情で、前向きな言葉「楽しくって仕方ないんだよー」等を怒鳴りまくる（思わず吹き出します）。

冷静になり「ああ、僕は幸せなんだなぁ」としみじみと言う（本当に幸せな気分になっています）。

脳はなぜ幸せなのかをこれでもかと僕に教えてくれます（健康であること、天気がいいこと、意外と仕事がうまくいっていること等々）。

落ち込もうとしている心が出てきたら、僕はこの行動をとります。これを習慣化したのです。

自分を鼓舞する

「僕はいったい何をしたというのですか？」僕は神様に尋ねました。しばらく待ちましたが神様は答えてくれません。

「神様は教えてくれない」そう判断した僕の脳が勝手に分析を開始しました。

「妻が髪を切ったことに気が付かなかったこと」「僕が妻に話しかけなかったから」「僕が頑固だったから」「とにかく僕が悪い」等々、僕が悪者になる「言葉」がどんどん出てきました。

僕がどんなに悪いことをしているかを分析しているだけ。分析というよりは、僕のいけないところや短所を僕に教えてくれるだけでした。

「それで落ち込んでいるのだから世話ないや」僕は自分自身にそう言っていました。

離婚をした方がいいのか、周りの人のことを考えて離婚はしない方がいいのか？心が揺れ動いていました。

僕の小さい頃、僕の家に振子が揺れる時計がありました。その振子と同じく、僕の心が揺れ動く。揺れて揺れてどうしようもなかったのです。

考えに考えたあげく僕は離婚を決意しました。妻も同意しました。

これは当時書いた僕の日記です。そのまま載せますので、文章が変なところもあります。

【離婚することになった。そして僕は五十二歳である。

この状況をどう見るべきか。悲惨だなと思って、ため息ばかりついていても始まらない。

未来にワクワクすることが待っていると思えば、ウキウキするものだ。おもしろくなってきたなと考えれば、楽しいのだよ、と苦笑いしながら考えた。

あまり周りのことを気にしない。世間体がどうのこうのと思わない。そして誰かが僕に言う、「おまえは、気を遣い過ぎるんだよ。自分の幸せをもっと考えていいんだよ」と。確かに誰かが言った。

誰かとは誰なのか。僕の守護霊か？　僕自身なのか？　とにかく自分の幸せを考えることにした。だが、妻のことも心配だ。

ただ、そう思っていても、今後このまま夫婦生活を送っていたら、妻にきつく当たってしまうかもしれない。職場の同僚や友人に愚痴を言ってしまうかもしれない。自分が嫌な人間になってしまうかもしれない。そう考えたらスパッと別れた方がいいのだろうなと思った。ということで離婚しようと思う。そして今後は楽しいことをやっていこうと思う。

このまま結婚生活を続けていたら、僕は優しい言葉を言えなくなると思う。

さて、職場の上司にも離婚することを伝えなければならないな。あまり気にすることはない、離婚は夫婦間の問題なのだから。

こう思ってしまう人もいるだろう。今まで築いてきたものがパーになる（パーならいいじゃないか。ボギーじゃないのだから）。

世間体を考えると、家族や職場の人には言いづらいな（別に気にすることは何もない。堂々としていろ）。

お金はそんなにないんだよね（金は天下の回り物。めぐりめぐっていずれは自分に回ってくるのだよ）。】

こんなことを日記に書いていました。なんか支離滅裂な文章ですよね。ただ言葉で自分を鼓舞しようとしていたのだなと今読んでも分かります。

言葉が自分を誘導した

「だめだ」「限界だ」「煮詰まっている」等々ネガティブな言葉を発していると、心はネガティブに向かいます。言っていなくても脳が感じてしまうとマイナスな方向に行ってしまうものです。このような言葉が僕の心の中にあったのは確かです。そうなのです。これも言葉の強さなのです。こういったネガティブな言葉をなかなか打ち消せなかった。そして、このような言葉は現実となりました。「だめだ」という言葉を実は心の奥底で発していたのです。それが「離婚」につながってしまったのです。

最初からネガティブなわけがありません。「イキイキ」「うれしい」「楽しい」というポジティブな言葉だったのが、だんだんと年月が経つごとに「だめだ」「煮詰まってきている」「限界かも」になってしまったのです。

僕は結婚生活を送っていたものの、こういった言葉を心の中で発していたのだと思います。心の声というものでしょうか。

僕は悪い言葉を抑えることができなかったのです。そしてそのような言葉に支配されてしまったのです。

こういった言葉によって僕は離婚に至ったのだと思います。言葉はとても強いのです。人生をよきにせよ悪しきにせよ変えてしまう力を持っています。

「やばい」も言ってはいけないのだが、「やばいうますぎる」とか「やばいかっこいい」とか今の若者は使っているみたいなので、これはポジティブ用語なのかな？

気持ちは日々変化する

僕はポジティブな言葉を使ってネガティブな自分が出ないようにしてきました。しかし、油断していると、気持ちはまた下がってしまいます。昨日、「僕は幸せでいいのだ」と言っていても、今日は、「離婚かぁー。はあぁー」とため息をついてしまっている自分がいます。少しの迷いで日々気持ちは変化してしまうものなのです（どっちなんじゃい）。

思いが揺れ動くのです。「ポジティブ」と「ネガティブ」どちらにするか心が揺れ動いているのです。「普通は、ポジティブを選ぶでしょう」と思うでしょうが、常識では考えられない選択をしてしまうこともあるのです。

周りの人の顔を思い浮かべないで目標に向かいとことん進みたいところですが、周りの人、親や兄弟、職場の人間の顔を思い浮かべると、その人たちが僕に何かしゃべってくるのです。もちろん想像の中なのですが「それはないだろう」とか「そんなの無理だ。やめておけ」「絶対だめだよ」などなど、僕が行動しようとすると、それを引き留めようとする言葉を僕の心の中に放ってくるのです。

まずは「幸せ」か「不幸せ」の、どちらかを選んでください。「幸せ」を選んだら「僕は幸せです」と言ってください。

おもちゃが二つ。「どちらかにしなさい」と母親に言われたあなたは、どちらかを選ばなければなりません。

優柔不断はいけません。どちらかを選びましょう。

あなたが決めるのです。決めるのはあなたです。さあ決めてください。決めたら迷わないと誓ってください。

恋人も「この人」と決めてください。あなたが決めるのです。決めるのはあなたです。さあ決めてください。決めたら迷わないと誓ってください。

時間がないのです。早く決めてください。

そうですか、やはり決められないのですね。あなたはやはり優柔不断なのですね。

選択肢を変えましょう。「幸せ」と「不幸せ」あなたはどちらを選びますか？　あなたが決めるのです。決めるのはあなたです。さあ決めてください。決めたら迷わないと誓ってください。

あなたは「幸せ」を選択するでしょうね。優柔不断のあなたでも迷わず「幸せ」を選んだのです。決めたら迷わないと誓いましたよね。

あなたはもう「幸せ」です。なぜなら「幸せ」を選んだのですから。

迷わない

そう迷わないということがポイントです。あなたは自分で何でもすぐに決断できますか？　僕は優柔不断でなかなか決断できませんでした。

言葉の魔法は、みんな薄々感じています。「幸せだなぁ」と言えば幸せになる。

しかし、自分の部屋でひとりぼっちでいると、ふと「不安」が出てきたりもしますよね。

あなたは素直で真面目なのかもしれません。幸せな言葉を言っていたが、迷いが生じてきたのですよね。そうですか、では、さっき誓いましたよね。「迷わない」と。

「幸せ」を選んだのですから、迷わないでください。

「僕は約束を守る男だ」

「私は人を裏切らない女です」

「僕は優柔不断ではない」

「私は誓いを守ります」

「僕は律儀です」等々
言葉縛りです。

あなたは「幸せ」を選びました。そして「幸せになる」と誓いました。誓ったのだからその約束を守ろうとします。なぜならあなたは真面目だからです。だんだんあなたは幸せの方に向かっていくしかなくなってしまうのです。そう自分を「幸せ」に導いていくのです。

もう一度聞きます。あなたは優柔不断ですか？ 「幸せ」と「不幸せ」どちらを取りたいですか？

約束は守らなければなりません。「優柔不断にはなれないんだよね」でいい。「不安になれないんだよね」でいいのです。

ネガティブな心が顔を出しそうになったら「ネガティブにならないって決めちゃったんだよね」と言いましょう。不安が浮かびそうになったら、「不安にならないって決めちゃったんだよね」でいいのです。

断る時は断る

ドラマ風に書きます。

あなたは不良グループの一員なのですが、その不良グループから抜けたいと思っています。「俺、不良やめる。そう誓ったんだ。約束は守る」と心の中で呟きます。そして不良グループの前でこう言います。「もう、かつあげとか万引きやるの嫌なんだよね、まともな道を行きたいんだ」不良グループのリーダーはこう言います。「なんでだよう」「もっと楽しもうぜ」「仲間じゃねぇかよぉ」あなたはリーダーに言うのです。「俺、不良をやめると誓ったんだ。誓ったらそれを守るんだ」あなたは怒鳴られても殴られても耐えに耐えて、とうとう不良グループから離れることができました。そして亡き母に誓った「俺、消防官になるんだ」という幼い頃の夢に向かって猛勉強を始めたのでした。

それと同じようなことがあなたの中で起きています。不安（ふあん）グループにいるあなたは、そこから抜け出たいと思っています。「俺、この不安グループから抜けるよ。今まで不安になることをやっていたけど、俺、本当は嫌だったんだよね」不安グループのリーダーはあなたを引き留めようとしますが、「俺、不安にならないと誓っちゃたんだ」とあなたは言います。不安グループはあの手この手を使ってあなたを不安な気持ちに引き戻そうとしますが、あなたは耐えに耐えてとうとう不安を一掃したのです。不安がなくなったあなたは、「不安から解放されるってこんなに気持ちがいいんだー」と青空に向かって叫んでいました。「誰かが不安になっていたら、不安を消し去る方法を教えてあげるんだ」とうれしそうに言うのです。

ドラマ風に書いてみました。

とにかく、「私は不安にはならない。そう誓いました」「僕は情けない男ではない。そう誓っちゃったんです」「私は不幸ではない。そう約束したのです」と言ってみましょう。誓ってください。約束してください。真面目なあなたは約束を守りますから、言ったとおりになりますよ。

皆さんは「今日遊ぼうよ」と友達から言われたとき、「今日は親と親戚の家に行かなくちゃならないんだよね」と、親との約束があるので友達の誘いを断ったことがありますよね。

約束は守りますよね。それと同じ。「不安になりたいんだけど、不安にならないって約束しちゃったので、不安になれないんだよねー」と言ってしまうのです。先にしている約束が優先されるのです。

子供おいくつ

「お子さん、おいくつですか?」と聞かれることがあります。「すみません。子供いないんですよね」と僕は答えるしかありません。実際に子供がいない夫婦でしたから。だけど、日本人なんだなぁと思うのは、子供いないって答えるのに「すみません」を付けていることです。何に対して「すみません」なのでしょう? 自分で言っていておかしくなっちゃいます。

あなたは想像してください。ここに皿にのっている梅干しがあります。そう柔らかそうな赤い梅干しが二つ皿にのっています。あなたはそれを想像してどう感じましたか? さあ梅干しを想像してみてください。

はい終了。多分あなたは口の中に唾液がいっぱい溜まっているのではないでしょうか？

そうなのです、これってイメージですよね。

僕のイメージはどんなものか、他人からよく言われるのが「穏やか」「癒やし系」「家族円満」「子煩悩そう」「子供が好きそう」と言われます。僕にもイメージがあるのだなと感じます。だけど実際には子供はいません。

梅干しはすっぱいイメージがありますが、食べてみて甘かったらどうですか？

「お子さんお元気」と言われても、何とも答えようがないのです。いやイメージですから、イメージ通り僕は生きていないのですよね。子供がいるイメージなのでしょうが、イメージ通りじゃなくて「すみません」なのでしょう。つまり、僕は「あまーい梅干し」なのです。

だけど子供が欲しくなかったわけではないのですよ。欲しいものが全て手に入るとは限らないのです。

変化を楽しむ

何かが起こる。それって当たり前なのです。離婚につながる原因も起こるのです。

起こったことは変えることができない。過去に起こったことは変えることができない。

関ヶ原の戦いはご存じのとおり、東軍の勝利に終わりました。これは変えることができない事実です。

また、高校野球で地元の代表を応援するという人もいるでしょう。その地元の代表が負けたときにあなたは落ち込み、「あそこはスクイズだろう」と言いますが、あなたが過去に戻り、監督に「ここはスクイズですよ」とは言えないのです。過去は変えられない。だけど未来は変えることができると思います。監督も采配のミスを認め、選手の強化を図り、翌年も甲子園に出場し、見事全国制覇するかもしれません。

離婚も一緒です。「あの時、妻にこう言っておけば」「あの時、行動に移していたら」離婚につながる原因は過去にあり、過去に戻ってそのことを変えることはできないのです。

当たり前ですがそうなのです。

しかし、未来は変えられます。そして、あなたも変わることができるのです。あなたがあなたを変えるのです。あなたが未来を変えるのです。あなたが決めていいのです。

人との比較

僕みたいに離婚する人もいます。そういるのです。結婚する人もいます。子供が生まれる人もいます。

幸せな家庭の人が普通というのなら、離婚する僕は普通じゃないのか。そして、僕は不幸せなのかと考えました。僕の答えは「僕は不幸でもなければ、ごく普通」なのです。

「普通こうなのよね」とか「常識的にはこうだ」と言う人がいますが、人それぞれなのだと思います。

僕はあえて言います。「離婚しましたが、何か」と。

僕は「かわいそうな人間はいない」と思っています。だから「自分もかわいそうではない」と思っています。「僕は二十代のときに足を骨折してそれ以来ぎこちなく歩いています。身長は低いです。子供もいません。そして離婚もしました。それでも僕はかわいそうではないのです」そう思っています。

何か問題なのでしょうか？　僕は自分の足が痛いからといって何か問題が発生する

かどうか考えました。確かに足が痛くてゴルフで一〇〇を切ったことが一回しかありません。しかし、ゴルフを一緒にやってくれる仲間がいます。そして楽しいと思います。背が低いからといっても、高枝切りばさみで高い枝を剪定することができます。今は道具が進化していますからね。

自分がかわいそうと思っている人間にも僕は、「あなたはかわいそうじゃない」と言っています。

離婚したから不幸かというとそうではないのです。僕は離婚してもかわいそうではないのです。僕は一例です。ただこういう人もいるのだということを言いたいのです。いわゆる僕はサンプルなのです。僕は「どうぞ僕を見てください」と堂々と言います。

失うものもあれば手に入るものもある

離婚により失うものはなんだろうと考えました。妻を失う？　妻がいなくなる。妻がいなくなると何か支障をきたすだろうか？　と考えました。妻は洗濯をしてくれたなぁ、食事も作ってくれたなぁ、それは自分でやることになるなぁ、だけどそれは自分でもできるなぁ。いろいろ考えました。支障はそんなにないかなぁ、と思いました。

離婚により僕がバカにされるってことはあるのかなぁ。僕が傷つく事はあるのかなぁ、と考えました。「そのお年になってかわいそうね」とか言われるだろうけど、もう「離婚はかわいそうではない」って書いちゃったから、僕はかわいそうではないしなぁ、なんら問題はないなぁ、それだけのことなのです。

被害妄想ってありますよね。他人は何とも思っていないのに、勝手に自分の悪い噂が流れていると思ってしまうのですよね。誰もあなたを「かわいそう」なんて言っていないのですよ。「かわいそう」と決めているのは、あなた自身なのです。「私はかわいそうじゃない」と言うことができるのです。変えることができるのもあなただけなのです。

失うものもありますし、手に入れるものもあります。僕もいろいろと失うものがありましたよ。逆に手に入れたものもあります。それは、「考える時間」でした。これは僕にとって大変重要で必要なものだったのです。

離婚は情けないことではない

「離婚は情けないことではない」「離婚は恥ずかしいことではない」「離婚はかわいそうではない」「離婚の恐怖はない」「離婚で人から笑われることはない」「離婚によって僕の価値が下がるわけではない」「前向きな離婚だ」「離婚は前向きだ」「離婚は楽しい」

これを読んで「えっ」ってなる人はいるでしょうね。「『離婚は楽しい』って何なのだ。不謹慎だ」と思うのでしょうね。

これも試しです。たまたま僕も「離婚は楽しい」と書いちゃったのです。前向きな言葉を発しようとして、前向きな文章を書こうと思っていたら、「離婚は楽しい」と書いてしまいました。

何事も嫌だなぁと思えば嫌になるし、楽しいなぁと思えば楽しくなるものなのです。「離婚は楽しい」と書いてしまったとたん、僕は笑っていました。何か変だけどおかしいなって。そしてなぜ「離婚は楽しい」のだろうかと脳が考えだしました。

もちろん、離婚が楽しいわけがないのです。悲しい出来事ですよね。寂しいという感情も湧いてきますよね。そう離婚はつらいでいいのです。それはそれで置いておきましょう。では、離婚しようとしているあなた、もしくは離婚したあなたが「楽しい」という感情を持ってはいけないのでしょうか？　答えは「ノー」です。楽しんでいいのです。

「悲しい」「寂しい」「つらい」「苦しい」など、ネガティブな言葉がどんどん浮かんできて、八方ふさがりになっていませんか？　そういった言葉に押しつぶされそうになっていませんか？　「全てがつらい」「全てが苦しい」というなら、どこかで切り替えなければなりませんよね。

たとえ話です。僕の持論です。夏が「幸せ」だとしましょう。冬は「不幸」だとしましょう（冬さんごめんなさい。たとえ話ですから）。

人間って考え方次第で「夏」か「冬」のどちらかの季節に、一瞬で切り替わってしまうのではないかと僕は思うのです。

「春がぽかぽかしていて好きだ」とか、「秋は涼しくていいな」とか思うでしょうが、ちょうどいい季節には、行けないような気がするのです。よっぽど鍛錬を重ねた人は「ちょうどいい季節だなぁ」と考えられると思いますが。

つまり、「離婚は苦しい」と言えば、「苦しい」という言葉に反応して「冬」＝「不幸」な季節・状況だけになってしまいます。もし、「離婚は楽しい」と言えば、「楽しい」という言葉に反応して「夏」＝「幸せ」な季節・状況になってしまう。これって言葉のおもしろさなのです。「夏」と「冬」もそうですが、「幸せ」と「不幸」って対極のものですよね。あくまでも持論ですが、どちらかになってしまうと思っています。「幸せ」と「不幸」の間の言葉って何か思いつきますか？　「ちょうどいい幸せ」「ちょっぴり不幸」「幸せと不幸のハーフ」「幸せと不幸をたして二で割った感じ」とか言うのですかね？　多分、「幸せ」か「不幸」のどちらかを選ばなければならないことになっていると思うのです。

「離婚は楽しい」って言葉で笑えるならそれはそれでいいじゃないですか。あなたが「楽しい」方向に行けるのなら「離婚は楽しい」と言ってもいいと思います。言ってしまって笑えるのならそれはそれでいいのではと思うのです。

笑えたら「しめたもんだ」と言いましょう。

僕の中のもう一人の自分

僕の中にもう一人の自分がいます。その人物は不良なのです。そして親分肌です。だから自分のことを「俺」といいます（僕の創り上げた設定です）。そして性格はとても頑固です。融通が利かない人物なのです。この男の口癖は「しょうがねぇなぁ」です。「何でだよ」と人の批判もします。

そのもう一人の僕（俺）は、人から何かを頼まれると、「しょうがねぇなぁ」と苦々しく言いながらも依頼を受けてしまいます。この「しょうがねぇなぁ」にはいろいろな意味があります。

人から何かを頼まれると心の中では「そうか、俺を頼ってくれているんだな」と思いながらも、「しょうがねぇなぁ」と言って引き受けてしまうのです。なので、まんざら嫌というわけではないのです。

その俺は、言葉は汚いですが、根は優しくて断れない性格の持ち主なのです。

このもう一人の俺の性格を利用して僕は幸せになろうと思いました。

それはこうです。

自分でもう一人の自分に言うのです。「林さんは、つらい経験をよく乗り越えられましたね。ここらへんで幸せになってみませんか？　みんなが協力しますよ」と。

もう一人の俺は言います。「いや、まだまだ俺に幸せになる資格なんてない」とつっぱねます。やっぱり頑固なのです。

「いやいや、林さん、みんなが見ていて、あなたはよくやっていますよ」

「何でだよ。まだまだなんだよ」

「林さん、みんな、あなたに幸せになってもらいたいのですよ。この通りだ、幸せになってください」周りにいるみんなも頭を下げます。

とうとうもう一人の俺は、「しょうがねぇなぁ。そんなに言うのなら幸せになってやるよ」とぶっきらぼうに言うのでした。

心の中のもう一人の自分を説得するのは大変ですけど、皆さんもやってみたらいいのかなと思います。粘り強く説得すれば「しょうがねぇなぁ。幸せになってやるよ」ときっと言ってくれますよ。

最後にはもう一人の俺も「俺って幸せだなぁ。俺を心配してくれている仲間がこんなにいたんだ」と言うのでした。

そして、僕は幸せになったのです。

2章

なりたい自分になる

僕の言葉により

「刺激が欲しい」と言ってしまったばかりに、こういうことが起きたのだと僕は信じています。このことをきっかけに、言葉について考えました。そして人生について考えたのです。

今は「よい刺激が欲しい」と言っています。その方がいいですからね。

言葉は慎重に発してください。自分が納得する言葉を発してください。その通りになってしまいますから。

あなたは現状に満足していますか？　これでいいと考えていますか？「満足しています」と言うなら僕は何も言いません。周りの人たちも何も言わないでしょう。

もし現状に満足していないのなら、「これでいいわけがない」と言いましょう。自分がなりたい自分を想像してください。自分の思い浮かべた理想の未来を惜しげもなく言葉にしてください。

理想の言葉を言うことが必要ですよ。心が落ち込んでしまう言葉は言わないことです。

「幼い頃なりたかった職業は○○です」「こういう大人になりたかった」「自分の性格

をよりよく変えたい」等々あるでしょう。そういった理想を言ってください。そして、書いてください。

僕は鏡に向かいこう言っています。「僕ってかっこいいなぁ。僕ってモデルみたいだよな」って、「気持ちわるー」とか言わないでください。こうやって文章にしてしまいましたが、自分の部屋で言っているだけですから。けっして人前では言っていませんよ（笑）。

実験台の上の自分

僕は自分自身を使って、どうしたら人間は幸せになれるのだろうか、という実験をしていこうと思いました。

そして、言葉を発していると本当に現実になるのかどうか、僕は自分の心と体で実験しているのです。言葉にするとそれはかなうのかどうか、どんどんやってみることにしました。

そうしたら、少しだけ残っていた怒りや寂しさ、そして悲しさの感情が吹っ飛んでいきました。何だかとてもワクワクしてきました。

まず理想の自分を思い浮かべました。それをどんどん書き出すことにしました。書くことは自由ですから、とにかく書いてください。

そして実験台の上に乗ってください。実験台にあおむけに寝そべるのです。そこに博士が現れます。僕のイメージは『バック・トゥ・ザ・フューチャー』のドクなのです。その博士がこう言うのです。「書き出した言葉を、声に出して言ってみなさい」僕は従います。言葉を発します。

するとどうでしょう。実験台がくるくる回って、どんどん加速がついてきて僕は目が回ってしまい、思わず目をつむってしまいました。やがて回転速度は落ちてきて、止まりました。僕はゆっくりと目を開けました。爽快な気分です。博士は僕をのぞき込みながらこう言ったのです。「実験は成功だ」そうです。発した言葉が現実のものになっていたのでした（あくまでもイメージです）。

まな板の上の鯉ではないですよ。まな板の上の鯉とは、「どうにでもしてくれ」ってなすがままになってしまうことです。僕がしているのは実験ですからね。

なりたい自分になる

どういうことをして生きていこうか、僕なりに真剣に考えてみました。僕は自分で自分をコントロールできるのだから、なりたい自分にもなれるのだなと思っています。

それには「言葉」にすることが大切なのだと思いました。

そこで、僕は「なりたい自分」をワープロに書き出しました。それがこれです。

【僕は魅力的な人間だ ↓ 僕は自分を癒やしている ↓ 僕は二枚目だ ↓ 僕は女性にもてる ↓ 足が治った ↓ 僕はゴルフがうまい ↓ 仕事は簡単だ ↓ 本を出した ↓ その本はベストセラーだ ↓ 僕の肩書はエッセイスト・作家・物書きだ ↓ 字が綺麗に書ける ↓ 整理整頓が得意だ ↓ 英会話ができる ↓ 健康だ ↓ いびきをかかない ↓ 自信はある ↓ 安心はある ↓ 不安はない ↓ 悩み事はない ↓ 焦ることはない ↓ 恐怖心はない ↓ 落ち込むこともない ↓ 仕事を抱え込まない ↓ 疲れない ↓ 自分の思い通りに物事は進む ↓ 自分の都合のいいように世の中回っている ↓ 全てうまくいく】

本当はもっと長々といろいろなことを書いていますが、抜粋しました。小さなことから、大きくて現実っぽくないことまで、手当たり次第に書き出しました。

このワープロで打った言葉を、車の中や、風呂に浸かりながら、声に出して言っています。

自分を鼓舞するためのものでもあります。願望もあります。けれども、望みとしてではなく、僕はこういった人間なのだと書いてしまったのです。そして書いた言葉が現実になっていくのを僕は体験していくのです。

言葉が現実に

まず「僕は魅力的な人間だ」と書きました。言葉にも出しています。ただしこっそり言っています。

「こっそりじゃなく、人前で堂々と言えよ」とおっしゃる人もいるかと思いますが、人前で突然「僕は魅力的な人間だー」と言うのは、何か変ですよね。恥ずかしいですよね。「人前で言わなくてもいいのですか」と訊ねられれば「人前でなくてもいいのです」と僕は答えます。要するに自分の脳が理解してくれればいいのです。

では、僕はどこでこの言葉を言うかというと、一番多いのが車の中です。「僕は魅力的な人間だ」から始まり、「全てうまくいく」まで、前述の言葉を長々と言います。すると僕は魅力的な人間になってしまったのです。

「証拠を出せよ」「そんなこと信じられない」って思われるかたもおられるでしょうが、とにかく「僕は魅力的な人間なのです」

ですから「言葉」なのですよ。では僕はあなたに言います。「あなたは本当に魅力的な人間ですね」どうでしょう、あなたはどう思われますか?

否定はしないでください。「あなたは魅力的な人間なのですから」

魅力とは、「人の心を引き付けて夢中にさせる力」のことです。この力は誰でも持っているのです。

「いや、僕にはありませんよ」「私は魅力的ではありません」と言う人がいるかもしれませんが、持っているのです。気が付かないだけなのです。

とにかく「僕は魅力的な人間だ」「私は魅力的な女性です」と言ってみましょう。「なるほど、ここが魅力的だった」「ここに私の魅力が隠れていたわ」と脳が勝手に探してくれますよ。

あなたは人の心を引き付けてやまない人間なのです。それをなぜ自分で否定するのですか？　自分を信じてあげましょうよ。本当は自分が魅力的な人間だって分かっているくせに。

他人が応援してくれなければ自分で自分を応援してみましょうよ。

自分を癒やす

「僕は自分を癒やしている」と書きました。そして言っています。

僕は離婚に関して、いろいろと悩んでいましたが、その問題を解決、そして悩みを解消することができました。

僕の場合、自分を理解することが重要であり、自分を知った上で、徐々に問題を解決してきたのです。問題を解決した後、今度は自分を癒やすことに気持ちを集中したのです。

僕の考えている癒やしとは何なのか？　僕の心が安心するにはどうしたらいいのだろうかと考えました。

そして、出てきた答えは「僕が楽しいと思うことをすればいいのだ」というものでした。

どうしてもつらい方、つらい方に吸い寄せられていた心が、方向転換して、楽しい方、楽しい方へと向かっていきました。

僕はソファに座り、八〇年代の音楽を聴きながら、コーヒーをゆっくりと飲みました。

目をつむると、そこは、コンサート会場なのです。僕は、アリーナの最前列にいます。彼の歌声とパフォーマンスはまさに芸術です。僕はノリノリで楽しんでいるのです。そして「癒やされているなぁ」って思うのです。「楽しいから、癒やされるよ」「マイケル今日も最高だぜー」って僕は手を上げました。

僕は「あちー」って叫んで飛び上がります。太ももから湯気が、床に転がるコーヒーカップ。「ふぎゃー」と言って、ズボンを脱ぎ、濡れタオルで太ももを冷やすのでした。

音楽でも癒やされるし、ゴルフをやっていても癒やされる。風呂に浸かっても癒やされるし、こうやって文章を書いていても癒やされるのです。

それは、問題を解決できたこと、安心を感じられるようになったこと、僕が僕自身を癒やせるようになったということなのです。

気持ちを上げる

「僕は二枚目だ」と書きました。そして言っています。

恥ずかしいと思ってはいけません。恥ずかしいと思ってしまったら、子供に戻ったつもりで、言ってしまいましょう。子供って無邪気で、何でも言ってしまうでしょ。そして、自分のことをかっこいいって思っているでしょ。純真無垢なあの頃に戻って言ってみてください。

「豚もおだてりゃ木に登る」って『ヤッターマン』でやっていましたよね。かわいい豚が木に登っていきます。もちろん僕は豚じゃないですよ。でも、おだてられると有頂天になるでしょうね。

つまりはその気にさせる力を言葉は持っています。

僕は二枚目だと言っています。二枚目ってなんか古い表現ですかね。今は何て言うのですか？　イケメンとかイカした男、ハンサムやかっこいいでもいいのですね。とにかくそういう言葉で自分を鼓舞しましょう。人間おだてに弱い。僕もおだてられりゃ木だって登っちゃいますよ。

とにかく遠慮しないで言いましょう。

とにかく輝いちゃいましょうよ。遠慮しないでというところがみそなのです。日本人は謙虚過ぎるくらい謙虚ですよね。自分を卑下してしまう人もいます。人前ではそうした方が生きやすいのでしょうから、それはそれでいいのです。

それでは自分の部屋に一人でいるとき、鏡に向かいこう言ってみましょうよ。「僕は二枚目だ。僕はハンサムだ。僕はかっこいい」「私は綺麗だ。私は美人だ。私はビューティフルなのよ」

鏡の前のあなたが、鏡の中のあなたに言うのです。「かっこいい」「綺麗だ」って言ってくれた人に「ありがとう」と言えばいいのです。

別に木に登ることはないのですが、気持ちは上げていきましょう。

モテる

ワープロに「僕は女性にモテる」と書きました。そして口に出して言っています。

そしてこの言葉を言ってみて「なるほどなぁ、この年になっても女性にモテたいんだな」って思ったのです。年って関係ないし、そう思えることに自分で自分を微笑ましいと思いました。

「モテたい」という感情は誰にでもあるのではないかと思います。女性でも男性でも、シングルでも、既婚者でも、バツイチでもです。モテるっていうことはいいことだと思います。それは魅力的な人間だということですから。世の中のルールを守っていれば、モテモテになってもいいのです。

魅力的な人間は周りが放っておきませんよ。モテていいのです。「モテる」と言えば、脳はモテモテになる方法を教えてくれます。それを実行すればあなたはモテるでしょう。

モテ過ぎて困ってしまうかもしれません。複数の人から告白されてしまうかもしれません。あなたの争奪戦になるかもしれません。ここで言ってはいけない言葉があります。「めんどうくさいな」という言葉です。「モテたい」と思っていたのに「めんどうくさい」という言葉で否定して、またあなたは「モテない君」「モテないさん」に逆戻りです。

せっかくモテているのですから、モテモテを楽しみましょう。

ただし、これには規則があります。まず、結婚している人は、モテてもいいのですが、一線を越えてはならないというものです。それはそうです。あなたは魅力的な人間なのですから、結婚していてもモテモテです。だけど一線を越えたらいけないという規則があります。

また、あなたが独身だとしましょう。あなたはモテモテになってしまいました。複数の人があなたを好きになってしまいました。ここで、決めなくてはいけません。おつきあいする人を決めなくてはならないという規則です。

この規則を遵守してください。違反をすると「めんどうくさい」ことになります。「モテない」に戻るだけではすまされないことになるかもしれませんよ。

言葉を実行しようとする

「望みを書きましたよー」「それを言っていますよー」という声が聞こえてきました。僕は、「いいですね。言ったのですね」とあなたに言います。

「あとは何をするかを脳が教えてくれますから、それを実行してください」

「えー、すぐにかなうんじゃないんですか」「私が何かやらなければならないのですか」とあなたは言います。

そうなのです。望みってゴールのことですよね。そしたらゴールまで走るか歩くかゴールに向かっていかなくてはなりませんよね。ゴールまで一メートルの距離のこともあれば、四二・一九五キロのフルマラソンの時もあります。そうなのです。その距離をあなた自身が走るか歩いていくのです。

しかし、ゴールは望んでいたことなのですから、その望みを達成できたことを想像したら、その過程も楽しくなりませんか。

「私、持久走はちょっと無理です」とか「望みをかなえるのって難しそうですね」とか言ってしまったら、多分、望みはかなえられないと思いますよ。

ようするに「楽」と「楽しい」は別ですよ。

例えば僕は「足が治った」と書きました。そして「僕はゴルフがうまいです」とも書きました。

そうしたら、脳はいろいろ考えてくれます。

「左足を治しましょう」「左足に体重がかかっても痛くならないようにしましょう」

僕は左足の親指までつながっている土踏まずの骨が曲がっています。二十代後半に骨折して、完治しないまま、放っておいたからです。ですので、左足の土踏まずに体重をかけると痛みが走ります。ゴルフをしていても、左足に体重をかけると痛いので、安定したスイングができません。ボールは右へ行ったり、左へ行ったり、スコアはいつも一〇〇以上。一三〇回たたくこともあります。

僕はそれでも、練習あるのみと言って、休みの日には練習場に行き、平均五〇〇球は打ち込みます。左足に体重をかけられればいいのですが、やはり痛い。それでも痛さを我慢して打ち込みます。この練習により、ゴルフはうまくなるのだと信じています。グラブはしているのですが、左手の皮はめくれて、足や腰、肩も痛くなります。ちょっと僕ってマゾみたいですよね。

それって「楽」ではないのです。だけど僕にとっては「楽しい」ことなのですよ。「楽しい」と思いやっているとその夢がかなうのだなと思っています。「足が治った」「ゴルフがうまくなった」と書きました。言葉でも言っています。僕の脳は「とにかくゴルフを楽しみましょう」「ゴルフの練習をしましょう」「そうすればいつしか足も治ってゴルフのスコアもアップしますよ」と教えてくれました。それを実行しているだけです。

要するに自分で決めて自分がやるのです。

疲れない

「疲れない」とも書きました。それを言ってもいます。

ゴルフ練習で体は疲れませんかと聞かれますが、僕は「疲れません」と言います。「疲れない人なのです」って言っちゃうんです。そうすると脳は何で疲れないのだろうと考えます。

「ゴルフが楽しいから」「疲れるよりも楽しい感が強いから」「疲れるよりも楽しいことがいっぱいあるから、疲れる暇がない」等々。

そうなのです。「疲れたなぁ」と言ってしまえば、ドッと疲れがきてしまいます。そして、何かをやろうという気力も減退してしまうでしょうね。

まず僕は「疲れない」と言います。そうしたら、自然に体が動いているのです。肩をぐるぐる回します。腰をぐるぐる回します。屈伸を数回します。ゴルフ練習の後は必ずストレッチをかかしません。そして、ゆっくり風呂に入ります。そして、「うー」とか「あー」とか唸るのです（おっさんか?）。「はい、おっさんですよ」そして、目をつぶります。「僕は温泉に来ている」と言います。さっき入れた「〇〇の湯」っていう入浴剤の匂いがします。まさにここは温泉なのです。「あー、さっぱりした」となるのです。

そして、僕は風呂から出たあと、ビールを飲んで、趣味である文章を書いていくのです。パターの練習も部屋で行います。英語の勉強もします。楽しいことはたくさんあって、疲れている暇はありません。

次の日は仕事ですが、「昨日楽しいこともしたし、癒された」「全然疲れてもいないしかえってリフレッシュできた」「楽しいことばかりだ」と言います。

仕事

「仕事は簡単だ」と書きました。それを言っています。

僕の仕事は事務職です。マニュアルがありますので、それに従って仕事を行えばいいのです。簡単です。

では、「仕事は難しい」と考えてしまうのはどういったときでしょう。それは、ズバリ人との関わりなのではないでしょうか? つまり「人間関係」だと思います。

「重箱の隅を突っつく人がいます」「嫌味を言われるから会社に行きたくない」「あの上司ムカつく」「今の若い者は礼儀がなっとらん」等々となるのでしょうね。

人間関係のトラブルで仕事に支障をきたしているのなら、関係を改善していきましょう。

組織で仕事をするということは、人と接して仕事をするということです。「仕事は覚えれば簡単」でしょうが、「人間関係は難しい」と思ってしまうのでしょうね。

人それぞれ「文系」「理系」、「体育会系」、「文化系」、「怒る系」、「癒やし系」自分の性格に合った部署ならいいのですが、人事のことは職場が決めますからね。事務職、営業職、サービス業、いろいろありますが、人間と接して仕事をしているということに変わりがありません。

僕はそこで「職場の雰囲気はいい」と書きました。それを言いました。すると脳は考えました。そうすると誰かがこう言うのです。

「自分の考えを言えばいいんじゃないかな」「おまえは、魅力的な人間なのだから」

部署の職員研修がありました。僕はその場で自分の考えを言いました。

「職場の雰囲気は大切なことだ」「一日八時間。つまり一日の三分の一は顔を突き合わせているのだから」

そしてこう心の中で呟きました。「職場の雰囲気がいいのは、僕が雰囲気のいい人だからだ」と。あっ、苦笑している人がいますね。だけど、それくらい言ってもいいと思います。そして僕だって心の中で呟いているだけなのですから（笑）。あなたも、アメリカの大統領のように自信満々に言ってみてはどうですか。

「職場の雰囲気はいい」と言っているので、本当に職場の雰囲気はいいのです。そりゃ職場の人間もいろいろな人がいますけどね。あなたが雰囲気のいい人間なら、周りの人も雰囲気がいい人たちでしょうね。

毎日言う

「字がきれいに書ける」「整理整頓が得意だ」と書きました。そして言っています。

これは僕が苦手としていることです。僕は字がへたくそです。仕事上メモを取ることは多いのですが、あとで読み返してみて、何が書いてあるか分からない時がありまず。それはミミズがメモ帳を動き回った痕跡のようなのです。僕は何を書いたのか記憶をたどります。そしてしばらくして諦めます。そして、そのメモはゴミ箱に捨てられてしまうのです。それならメモなんか取らなくてもよかったのじゃないかと思うこともあります。

整理整頓も苦手です。僕の机の上は書類が山積みです。書類を受け取って机の上に置く。忙しいこともあり、書類は机の上にほっぽらかし。それが何回も重なって、書類は山積みになる。というよりも高層タワーのようになってしまっています。そこから一枚書類を取り出すと「あれぇ、これ、三年前の書類だよ」ってことになります。

これでは部下に示しがつきません。何とか高層タワーを解体していかなければなりません。今は机の上に四つの高層タワーが立っています。

苦手なことを言ってみましょう。僕の場合、「字がきれいに書けない」「整理整頓が苦手だ」それを克服した時を想像しましょう。

（理想）

僕はすらすらときれいな字でメモを取っている。そのメモをワープロで清書して、報告書は完成した。きれいに字が書けると仕事ができる人間になる。そのことを実感した。なるほど、そういうことか。

毎日、僕は書類を大量に受け取っている。書類が回ってくると、それをすぐに所定のファイルに綴る。いつも机の上は綺麗にしている。仕事ができる人間っていうのは、整理整頓ができるのだよ。なるほど、そういうことか。

そういうことなので、僕は「字が綺麗に書ける」「整理整頓が得意だ」と書いたのです。もちろん言っています。毎日言っています。そのお蔭で改善されてきています。言葉を発すれば脳は何をすればいいか教えてくれると言いましたが、意識して実行することも大切だと思います。

僕の字は、ミミズではなく、読める文字となりました。まだきれいではないのですが、意識して字をきれいに書こうとはしています。机の上の高層タワーも徐々に低くなってきています。意識して整理整頓しようとしています。

意識して実行するということが大切です。望みを言ったら意識しましょう。

「小さなことからコツコツと」なのです。

英会話

「英会話ができる」と書きました。そして言っています。これは願望です。

僕が今やっていることは、インターネットで英会話のサイトを見ることと、通勤の車の中で英会話を聞くことなのです。僕がよく聞いているのは、英語だけのラジオ放送です。全て英語です。もちろん、ほとんど聞き取れません。しかし、「英会話ができる」と言って、僕はそれを聞いているのです。英語のアナウンス、英語の曲、英語のインフォメーション。まだ聞き取れませんが、英語のテンポ、抑揚の勉強にはなります。そして想像力もつきます。なるほど、これは大リーグの結果を言っているのだな。これは大統領が何を、しゃべったかを言っているのだな。これはイベントがあることを告知しているのだなとかです。英語を聞くのはとても楽しいです。まず聞けることを身に付けて、しゃべることもできればいいかなと思っています。楽しいと思っているから、毎日英語を聞けるのです。

目標は日常会話ぐらいできるようになる。海外旅行に行き、英語でショッピングができること。そして、映画を字幕なしで観たいものです。

「ハウワイヨウ」「ハウマッチョ」「グッドモウルニング」「グッドナイグト」と今は言っています。これが「How are you?」「How much?」「Good morning」「Good night」と発音できればいいなと思っています。

健康

「健康だ」と僕は書きました。言ってもいます。

僕の脳は健康に敏感に反応して何をすればいいか教えてくれました。

僕が実行しているのは、職場の階段を、一日、四往復するというものです。階段は七階まであります。僕は少し血糖値が高いのです。血糖値を下げるには、やはり運動をするのがいいと思っています。休日にはゴルフの練習をしていますが、毎日、適度な運動が必要だと思います。僕は車通勤ですし、事務職なので、意識してやらないと運動不足になってしまいます。

そこで階段を毎日最低でも四往復することにしたのです。朝出勤したら一回。昼休みに一回。午後三時に一回。午後五時以降に一回の計四回。最初はきつかったのですが、慣れれば何ということはありません。

そして「足が治った」にもつながっています。階段を昇るということは、僕の足に負担がかかっているということです。左足に体重をかけると痛いのです。だけど、その痛みにも言葉が勝利してしまうのです。その言葉とは「僕は健康だ」と「足が治った」なのです。痛みに負けないで七階まで行けるのは、言葉のお蔭です。どうもありがとう。

「僕は健康だ」と言っていますから、健康でいられるのだと思います。健康になるために脳が考えたことを実行しています。

自信

「自信はある」と書きました。それを言っています。

自信とは何でしょう。言葉通りなら、自分を信じることとなるでしょう。そうなのです、自分を信じてください。他人を信じるのではなく、自分を信じるのですよ。人がこう言っているから従おうということではないのです。人が「これはよいものです」と言っても、自分の「いい」を見つけることなのです。

自信があるということを知るには、自信がないということも知らなくてはなりません。自分に自信がないという人は、何をしてもオドオドしていて、人の言いなりになっているのです。

「言いなり」そう、こう言いました。自信がない人は他人に左右されている。自分の意思がないのです。自信がないから「どうなってもいい」「これでいいや」「もう私のことは放っておいて」と自暴自棄になってしまいます。

「自信を取り戻してください」というか「自分を取り戻してください」僕はあなたにそう言います。それでは他人の言いなりですよ。自分でなりたい自分になっていいのです。「自信」を持って生きてください。

「えっ、僕ですか。僕は自信ありますよ。だってこうやって言葉により、そして文章により自分を表現しているのですから」

不安

「不安はない」と書きました。そして言っています。

「不安」とはやっかいなものですよね。不安とは何なのでしょう。

気がかりなことがあって落ち着かない。心配事もある。そういった「不安」はどこからくるのでしょう。ちょっとしたきっかけで、不安に陥っちゃうんですよね。悪い予想をしてしまうと不安になります。「明日、雨だったらどうしよう」「みんなと違っていたらどうしよう」「僕だけ置いてけぼりにされたらどうしよう」などなど。

あなたは野球部員でセカンドを守っています。九回裏ツーアウト一・二塁、得点は二対一で勝っていますが、一打同点の場面。相手は四番打者。あなたは「ここに打つなよ。打つんだったら他のところに打てよな。そいつがエラーしても俺はそいつを責めないから」と心の中で呟きます。ピッチャー投げた。バッター打った。ぼてぼてのセカンドゴロ。あなたは一歩出足が遅れて、グラブの土手に当ててしまい、ボールはファウルグランドに転々と転がる。二塁ランナーがホームイン。俊足の一塁ランナーが三塁を回りホームへすべりこむ。ライトがキャッチャーへボールを投げるがそれてしまいランナー生還ホームイン。サヨナラゲーム。試合終了。

あなたは泣き崩れます。仲間たちはあなたに声をかけます。「おまえのせいじゃない」

ではバッターが打つ前に戻りましょう。あなたは「ここに打ってみろ。俺は自信がある。不安は全然ない。どんどん来てみろ。かるーくさばいてやるぜ。バッチこーい」と言います。ピッチャー投げました。バッター打った。ぼてぼてのセカンドゴロ。あなたは最初の一歩、ダッシュよろしく、ショートバウンドにグラブを合わせ、華麗にファーストへ送球。ヘッドスライディングする四番バッター。一塁球審は右手を高々と上げて「アウトー」と宣告。ゲームセット。あなたは言葉通り、かるーくさばいてしまいました。

つまり、不安になってしまうと、弱音を吐きます。そのネガティブな言葉は、悪い結果を生み出してしまうのです。

逆に「不安はない」と、ネガティブな言葉を否定しましょう。不思議と思い通りにうまくいってしまうものなのです。

不安はない　↓　悩み事はない　↓　焦ることはない　↓　恐怖心はない　↓　落ち込むこともない　↓　仕事を抱え込まない　↓　疲れない　どんどん言っちゃいましょう。どんどん悪いことを否定してしまいましょう。

自分の思い通りに物事が進む

「自分の思い通りに物事が進む」と書きました。そして言っています。

これは、そのまんまです。言葉を発するとその通りになって、思い通りにいってしまうのです。理想の未来をどんどん言ってみましょう。

言葉に脳は敏感に反応してくれます。こうすれば理想が現実に変わるということを教えてくれるのです。

それを実行すればいいのです。そう実行するのはあなた自身です。

自分の思い通りに物事は進むのです。

ゴールは四二・一九五キロ先ですと言われても、「はい。分かりました」と素直に走っていく人もいれば、走れませんと最初から諦めてしまう人もいます。思い通りに行ってしまうのですが、実行しない人もいるのです。

計画を立てて、その通りに実行すれば、自分の思い通りに物事が進んでいくということなのです。それではやってみましょうか。

それをやるのも、やらないのもあなた次第なのです。実行するのも、しないのもあなた次第なのです。

「自分の思い通りに物事は進む」それを言って現実にするのも、あなた次第なのです。

自分の都合のいいように世の中回っている

「自分の都合のいいように世の中回っている」と書きました。そして言っています。

これって自分に災いが起きても、自分の都合のいいように、災いを消し去り、幸福をもたらしてくれるっていうことなのです。そう自分の都合のいいようになるのです。

都合がいいってことは、状況がいいということです。「具合がいい」「うまい具合に」とも言います。

あなたは、今まで努力してきましたよね。そう、この本をここまで読まれたのですよね。それってすごいことですよね。そして、「自信はある」「不安はない」という言葉も発するまでになりましたよね。そうなったら、自分の都合のいいように世の中回っていると意識してみてください。

ではまず言葉を選びましょう。

つまりは、自分の都合のいいように世の中が回っているのです。言葉により自分の望みがかなえられるのです。

これを身につけたら、大したものですよ。そう「大したもんだ」なのです。だってあなたの都合のいいように世の中回っているのですから。ポジティブな言葉を発していればポジティブになれる。それは理解してくれたと思います。でも「自分の都合のいいように世の中回っている」という言葉を理解すれば、その上を行っちゃうのです。

つまり、ポジティブな言葉を言わなくても、ネガティブな言葉を仮に言ってしまったとしても、自分の都合のいいように世の中が回ってくれるのですから。よい状態になってしまうのです。

あなたは幸せになってしまうのです。あなたを幸せにしようと世の中が回ってくれるのです。

全てうまくいく

「全てうまくいく」と書きました。そして言っています。

これって究極ですよね。全てうまくいってしまうのですから。

日常生活、恋愛、結婚生活、仕事、趣味、遊び、その他、全てうまくいってしまうのです。

つまり、こまごまと考えることはありません。全てうまくいってしまうのですから、悩まなくてもいいのです。不安になることもありません。もちろん恐怖心もありません。うまくいくということは成功してしまうということです。

その後は、幸せしかありません。何とも気持ちがいいことなのですよ。爽快感がはんぱないです。

つまり「全てうまくいく」「全てうまくいってしまう」ということです。

僕はあなたに寄り添い「全てうまくいく」と言ってしまうのです。これはこの上もない幸せなのです。この言葉を受け取ることができれば、あなたはもう大丈夫です。

全てつながっている

「ポジティブな言葉」が手をつないで、あなたのそばに来てくれます。そしてあなたの周りを笑顔でくるくる回っています。

そこへ外敵が現れました。「不安」「悩み」「つらい」「苦しい」「悲しい」「情けない」などなど、一団となってあなたに向かってくるのです。

強敵です。あなたはそいつらに屈してしまうのでしょうか。いやいや、あなたには頼もしい味方がいるではないですか。そう今あなたの周りで手をつなぎくるくる回っている言葉たちですよ。

まず「不安」が攻撃を仕掛けてきました。それに応戦したのが「安心」です。見事「不安」を撃墜しました。「悩み」には「悩み事はない」で対応。「苦しい」には「楽しい」って言葉が効果的かな。

あなたの周りにいるポジティブな言葉たちは、あなたを守ってくれるバリアであり、最強のディフェンダーたちなのです。

そして、ポジティブな言葉たちは、たがいに手をつなぎ、フォーメーションを変えて、あなたを幸せに導いてくれるのです。

「楽しい」「幸せだ」「おもしろい」「最高だ」「感動した」「すばらしい」そういった言葉が、外敵からあなたを守っているのです。Aアタック、Bアタックがだめなら、次々と戦略を立てて、外敵を退治してくれます。

具体的な言葉により、さらに幸せ感は増します。言葉もつながってくれます。そして、その言葉たちは「自分の思い通りに物事が進む」「自分の都合のいいように世の中回っている」さらに「全てうまくいく」につながってしまうのです。

3章
実行と自信

実務

生きているといろいろなことが起きます。人間同士が関わって生きているのでいろんなことが起こるのでしょうね。

いろいろなことの一つに離婚があります。「えー」って言う人もいるかと思います。そう全ての人が離婚するわけではありません。もちろん離婚する人もいれば、離婚しない人もいます。

僕は離婚しました。そして僕はこう言いました。

「さあ、心の整理整頓をしよう」

僕の心の中には、いろいろなものが散らかっていました。そして、心を乱していました。冷静になり自分を見つめ直しました。そして、これからやるべきことを書き出したのです。離婚後の手続きや処理、そして報告、また、自分をよりよく変えていくために何をしていけばいいのかと。

そして、それを実行していったのです。

そう、冷静になり、自分をしっかりと持ち、自分で行動していくことは、生きる上で大切な経験となるのです。

「さてと、自分のことは自分でするか」と僕は言いました。そうしたら、心と体は勝手に動いてくれました。

ここからは、自分自身で決めて実行したことを書いていきます。自分でやったことを書くことにより、僕にどういう感情が湧いてくるのかを体感してみることにしました。

家族

まず、軽いところから、離婚って家族ではなくなるってことです。僕は携帯電話で妻と家族割をしていました。なので家族ではなくなるので、家族割は無効になるのだと思い、携帯ショップに行きました。

店員「お待たせしました。今日はどのようなご用件でしょうか」

僕「妻を家族割から外したいのですが」

店員「では奥様と一緒にご来店くださださい。奥様の身分を証明するものもご持参ください」

僕「一緒に来られないんです」

店員「どうしてですか？」
僕「モジモジモジモジモジモジ」
店員「原則的には奥様の身分を証明するものが必要なのですが。お持ちになれますか？」
僕「持ってこられません」
店員「どうしてでしょうか？」
僕「離婚したんです」
店員「えっ、何とおっしゃいましたか？　聞き取れなかったので、もう一度おっしゃってください」
僕「だからぁー。離婚したんだよ」
まあ、こんな感じでした。
最後には契約内容を提示され、僕の署名で家族割は解除されました。このことについては、このようにクリアしました。クリアってなんだかゲームみたいですね。けっして楽しんでいませんよ。

ほうれんそう

会社では「ほうれんそう」が大事だとよく言います。「報告」「連絡」「相談」のことです。連携を密に取り仕事をスムーズにしていくということなのですよね。

自分のことを言うのが苦手という人がいます。僕もかつては苦手でした。ましてや仕事の報告ではなく、プライベートのことなのですから。「僕、離婚しました」とは言いづらいなと思いました。

「別に職場の人に言わなくてもいいんじゃないですか」と思う人もいるでしょうが、年末調整の時に配偶者の有無を書きますよね、そこで分かってしまいます。それまでに報告していないと、たとえプライベートのことでも、「何で言ってくれなかったんだ」ということになりますよね。そんなことを細かく真剣に考えました。けっこう、僕は気が小さいのです。

結局、僕たち夫婦は、離婚しました。妻が家を出ていく形でした。最後は握手して「今までありがとう」と言って別れたのです。

離婚届を役所に出したのは妻でした。離婚受理証明書は後日、ポストに入っていました。「ああ、ほんとに離婚してしまったなぁ」という言葉がため息のように口から漏れました。

「簡単だなぁ」と言ってみましょう。簡単になります。何事も容易にできるようになります。

「仕事は簡単だ」「恋愛は簡単だ」「ゴルフは簡単だ」「英語は簡単だ」「人間関係なんて簡単だ」「人前で話すなんて簡単だ」「結婚なんて簡単だ」

そしてこうなりました。「離婚なんて簡単だ」

「離婚だな」と僕が言って、妻が「そうだね」と言って離婚が成立。紙切れ一枚にお互いが署名捺印して、それを役所に提出しただけなのです。

親や親戚のことなど考えていませんでした。離婚は夫婦の問題なのです。僕は周りの人に変な忖度はしないようにしました。

届け

では、これから離婚しようとする人に離婚届とはどういったものであるか情報提供していきます。

「俺、まだ結婚もしていないんですけど」とか「今、ラブラブなので離婚なんて考えていません」という人もいるかと思いますが、人生何があるか分かりませんので、また、何があっても落ち着いて対応できるようにマニュアル風にお伝えします。肩に力を入れて読まなくてもいいですよ（特に必要ないという人は、この章は飛ばして次の章に行ってください）。

離婚に関するいろいろな情報はありますが、回りくどいものもありますよね。ここでは端的に書きます。

まず、役所で「離婚届」をもらってください。「離婚届の用紙ください」って言えば、役所の方が手渡してくれますよ。当たり前ですが。

僕の場合は、協議離婚（夫婦の話し合いにおける離婚）でした。話し合いというか、まあ、お互いに納得しての離婚です。

そのほか、調停離婚、裁判離婚があります（家庭裁判所を利用して離婚の手続きをするものがこれにあたります）。

さあ、その離婚届をまじまじと見てみましょう。「見たくもないのですが」と言う人もいるかと思いますが、目をそらさずに見てみましょう。

見ましたか？　項目が多いでしょう。その各項目に必要事項を記入の上、お互いが署名押印します。協議離婚の場合、成年の証人二名の署名押印が必要です。僕の場合、証人は妻が探して、離婚届も妻が役所に提出しました。

離婚届は届出人の本籍地又は所在地（一時的な滞在先でも可）の役所に届け出します。本籍地以外の役所に提出の場合は戸籍謄本が必要になります。

「離婚受理証明書」はもらっておくべきでしょう。すぐに発行されない場合がありまず。発行手数料もかかります。これも妻にもらってきてもらいました。後日、ポストに入っていました。

てきぱきやってくれる妻でした。今はもう妻ではありませんが。

職場への報告

離婚を職場に報告しよう。「何か言われるかな」「どうしてって言われるかな」「理由を言わなくちゃいけないのかな」「変な目で見られないかな」「バカにされないかな」という不安が顔を出しそうになります。

だけど、「もう不安にならないと誓っちゃったから」で押し通しました。

そして「職場への報告は楽しい」でいいじゃないかと思いました。それで押し通そうと僕は思ったのです。

何でも報告しなくてはならないのか？　離婚も報告しなくてはならないのか？　何でも報告かよ。

プレッシャー。

まず、シナリオを書きました。

「離婚を会社に言うのは何となく気が引ける」と考えていましたが、「離婚のことを会社に報告するのは簡単だ」と気持ちをポジティブに持っていきました。

「離婚する理由なんて言わなくていい。離婚する言いわけも考えなくていい」

これでいいのです。

ただ「離婚しました」と言えばいいのだ。余計なことを言わなくてもよい。

変なシミュレーションは描かない。

「えーと、いろいろなことがあり、また、お互いが働いていて、えーと、すれ違いも起きていて」

そんなシミュレーションを立てていたが、途中であほらしくなりました。そんなシミュレーションを立てなくてもいいし、気を使うこともないのだ。未来のことで頭を悩ますことはない、ポジティブなシナリオを書こう。

自分の都合のいいように世の中、回っている。自分の思い通りに物事が進む。

少し不安もあったので、シナリオを書いてみることにした。

（シナリオ）

自分の思い通りに、離婚の報告がすんなりいってしまった。
離婚報告後、自分の都合のいいように、支店長が優しい言葉をかけてくれた。
全てうまくいってしまった。
会社内の離婚の手続きもスムーズにいってしまった。
僕の離婚のことを笑う者もいない。
なんら問題は起きなかった。
離婚の報告なんて簡単だ。
※簡単にネガティブな言葉を削除して、ポジティブな言葉をシンプルに並べただけです。

（実際）

「支店長今お時間ありますか？」支店長と別室へ。「すみません。私事ですが、離婚しました」と離婚届出受理証明書を見せて報告。それから「私もプロですから仕事はきちっとやりますが、プライベートではこんなことになってしまって、すみません」ここでも謝っていた。なんで謝っているのだろうと自分の謝り癖が変におかしかった。

支店長は「林さんは、穏やかそうな人だから、そういうことになっているとは知らず。こちらも気付いてあげればよかったですね」「プライベートなのでみんなに言わなくてもいいですよ」「書類も特にいらないのではないですかね」「人事部長には言っておいた方がいいかと、直接会って話をした方がよいかと思います。報告は○月○○日の研修会の日でよいでしょう」と日付まで指定してくれた。

「つらかったでしょう。私でよかったら何なりと相談してください」と優しく笑顔でおっしゃってくれた。無事に報告ができた。

自分で自分の心をカウンセリングして、自分に勇気を持たせ、支店長に離婚報告ができた。シナリオ通りに事が進んだ。

話をしたら少し肩の荷が下りたような気がした。

報告する前に思ったことは、報告により仕事がやりにくくなったら嫌だなということでした。仕事は仕事、プライベートはプライベート。そんなことは杞憂に終わってしまいました。

（実際）

○月○○日、僕から人事部長に離婚の報告をした。（ほうれんそうの報）

研修会が終わり、人事部長が立ち去ろうとしているところを呼び止めて、「すみません。報告したいことがあるのですが」とお伺いを立てる。人事部長とは僕が新入社員の頃同じ部署で一緒に働いていた仲でした。

「何？　今じゃないとだめなの」といかにもめんどうくさそうに言われてしまった。こういうところは昔から変わっていない。

「ほんの少しでいいのです。（少し間をおいて）私事ですが、離婚しました」

人事部長は、「何で何で何でー？　大丈夫？　そうなの。元気出して、頑張っていこう」と少し支離滅裂になり大変驚いた様子だった。そして僕を気遣ってくれた。応援もしてくれた。そうそれだけのことであった。報告終了。

何か不安なことがある場合は、ネガティブにならないで、ことがうまくいってしまうというシナリオを書いてみるのも一考である。

（実際）

支店長は書類はいらないと言っていたが、人事部長から身上異動届を出すように指示された。

所属課長に離婚報告。「たんたんと言います。私、離婚しました。はんこください」と身上異動届に押印してもらった。課長は「えーーー。そうですか」と一応驚いてくれた。

所属部長は僕が机の前に立つと、いぶかしそうに眉間にしわをよせ顔を上げ僕を見た。僕はそれに動じることなく、顔を近づけ小声で「私事ですが、離婚しました。印鑑ください」と言った。部長は、複雑な表情に変わった。何を言っていいのか分からないのだろう。なるほどそうなるか、そして身上異動届に印鑑を押してくれた。

支店長に印をいただく。

「やはり書類は必要ですか」と支店長。

僕「必要だということですので、よろしくお願いします」

印鑑を取り出し押印してくれた。僕は、

「人事部長にはあれから報告しました。急だったので、何でだよーと言われました。それから夜にも電話かかってきましたので、そこでも報告しました。総務部長にも連絡入れ報告しています」

支店長は、「人事部長から電話があると、課長補佐（私の役職）は頑張っていますか？　といつも林さんのことを心配していましたよ。そうですか報告しているのならそれでよいのです。これからも私を支えてください」と言われた。僕は少し困りながら、思わず言ってしまったのが「すみません」という言葉だった。

これから先どうするか迷っていた。自分で自分を支えることもままならないのに、支店長を支えられるかどうか自信がないということもあったので、とっさに出た言葉が「すみません」だった。

（実際）

自分の部署に戻ると、僕の部下であるHさん、Yさん、Mさん、Nさんが、淡々と仕事をしていた。隣の部署のSさんが入ってきて、「脚立ってありましたっけ」と聞いてきた。Hさんがキャビネットの裏にあった脚立を、Sさんに渡した。日常業務のありふれた光景である。ただ僕は離婚してしまったのだ。そして、この人たちは僕が離婚したことを知らない。

外は暑そうだ。ここは冷房が効いていて涼しくっていい。

通りの向かいにディーラーがある。モーターショーが近いのかもしれない。自動車の展示の準備で忙しそうだ。僕は離婚したけれど、世の中は僕にお構いなしに、いつも通りに回っている。それが何だかとてもうれしかった。

※小説風に書いてみました。上司への報告内容はほぼこんなところでした。役職名、個人名、職場環境についてはフィクションです。加藤 茶風に言うと「ふぃーーーくしょん」

保険

生命保険とがん保険に入っています。保険証書をまじまじと見てみると「死亡保険金受取人」のところに、離婚した妻の名前が書いてありました。

「そうか、僕が死んだら、この人に保険金が下りるんだなぁ」と呑気に言ってみました。「それにそんなことはどうでもいいや。僕が死んだあとのことだしな」とも考えました。

ソファに寝そべりながら天井を眺めていると、木目調の天井模様が口になって、僕に訴えかけてきました。

「受取人を変更しなさい」

素直に従うことにした僕は、保険会社にすぐに電話しました。

がん保険会社の人はすぐに僕に会いたいと言ってきました。日にちを決め、五時以降に職場に来てもらうことにしました。

がん保険会社の人との会話。

その外交員さんは四〇代半ばといったところでしょうか。僕よりも少し若いと思いました。

保険外交員「お子様、もう大きいのですよね？」

僕は「またか」と思いました。もう慣れていますけどね。

僕「子供いないんですよね」

保険外交員「そうでしたか。奥様はお元気ですか？」

「また、墓穴を掘りやがって」と僕は思いました。

僕「実は離婚したので、死亡保険金受取人を変更したいのです」

保険外交員「ああ、そうだったのですね」とあたふたとする。僕が思っていた通りに、彼は焦っていました。

僕は書類の「死亡保険金受取人」欄に母の名前を記入しました。それで終了。外交員さんももっと自分の情報を仕入れていれば、こんなにあたふたとしなかったのになと思いました。僕は特に気にしていませんが、逆に外交員さんに気を遣わせてしまったなと感じました。

生命保険の場合は書類が送られてきて、書類に受取人変更等の必要事項を書いてまた送り返しただけです。こちらの方が僕はよかった。書類だけですむし、外交員の方にプレッシャーを与えないですむのですから。

特に受取人の変更は理由なんて聞いてきませんので、たんたんと受取人を変更すればいいのです。

引っ越ししよう

妻は家を出ていきました。まあ、旅立ったという表現を使いましょう。なるほど、妻は旅立った。では僕は旅立てないのか？　そう思っちゃったのです。僕はこの家に一人でいるのが嫌になりました。自分も旅立ちたい。

「思い切って、引っ越そう」ということになりました。

一軒家を借りていました。平屋の二ＬＤＫ。二人で住むには十分でした。一人になって思いました「引っ越そう」

善は急げと不動産屋へ。

「あのー、引っ越したいのですけど、いい物件ありますか？」

今の借家を仲介してくれた不動産屋さんです。今日は若旦那が対応してくれました。このあいだシャワーの取っ手が壊れた時に対応してくれて、顔なじみになっていました。

僕はこう言いました。「今住んでいるところ、家賃が高いこともありますが、環境を変えたいので、よい物件紹介してください」この時、離婚のことは言っていません。

不動産屋の若旦那は、「ちょうどいい物件が空きますよ。ちょっと田舎のアパートですが、三DKで来月末には空きますよ」とのこと。そのほか複数の物件を紹介されましたが、今住んでいるところよりも広いし家賃も安いというのでそこに決めてしまいました。

僕は即決しました。仮契約までしようと思いました。

若旦那とその奥さんが事務所にいました。

若旦那の奥さんが「奥さん（僕の元妻）いつもゴルフウェア着ていましたよね。ゴルフ好きなんですか？」と聞いてきたので、僕は「そうなんですよ。好きなんですよね。僕よりうまいんです」と答えていました。

そして、仮契約が進んでいきました。若旦那が「それではこちらの書類に書いていってください」と言いました。僕は一つ一つ書いていきました。氏名、年齢、今の住所等書いていって、次に「配偶者」って欄があったのです。僕は「なるほどなぁ。そうきたか」と思いました。その欄は「配偶者　有　無」となっています。どちらかに○を付ければいいのです。僕は「なるほどなぁ」ともう一度心の中で呟いて、若旦那に顔を近づけて小声でこう言いました。

「実は離婚したんだよね」

真顔になる若旦那、若旦那の後ろの奥さんにも聞こえてしまったらしく、事務所のキッチンにそーっと歩いていきました。

僕はその時「何か、悪いこと言ったかなぁ?」って思いましたね。

引っ越しに係る諸手続き

翌月、本契約を行いました。

用意するもの。不動産屋に提出するもの。

一、契約書類一式（契約書二部・火災保険申込書・保証委託契約書）
二、入居者全員の住民票一通（全員といっても僕しか住んでいないんだけどね）
三、車検証の写し（台数分）（僕だけが住むのだから僕の車の車検証の写し・車庫証明のため）
四、契約金（これは賃料、共益費、敷金、保証協会保証料、保険料、駐車料、仲介手数料の合計となります。僕が払ったのは約一六万円）
五、銀行の口座番号が分かるもの・届出印
これらを用意します。

そして、若旦那は実際に資格を持っているのだよと、写真付きの「宅地建物取引士」の免許証をテーブルの上に提示し、契約書の内容を一つ一つ長々と説明していきます。僕の場合は三〇分くらいかかりました。僕は一つ一つ相槌を打ちました。「うーん、なるほど」と言っていましたが、どれだけ理解できたかというと、ほとんど思い出せないということは、右耳の穴から入った情報のほとんどが左耳の穴から出ていってしまったのでしょうね。

そして、契約書に署名捺印しました。同じものを二つ。一つは大家さんに、もう一つは僕に渡されるものです。

契約成立し、新しいアパートの鍵をもらいました。

引っ越し業者

さあ、引っ越し屋さんを頼まなくてはなりません。僕は不動産屋さんから、引っ越し業者を紹介してもらいました。

その引っ越し業者に電話。次の日に見積もりに来てくれました。やはりスピードって大事ですよね。

来てくれたのは、スーツ姿の若いおにいさんでした。世間話を少しして、引っ越しの見積もり開始。

おにいさんは、「おいくらぐらいを予定していますか？　ぱっと思い浮かんだ額をおっしゃってください」と聞いてきました。

僕は、なるほどそうきたかと思いました。本当に引っ越し料金がいくらなのか分からなかったのです。冗談を言おうかとも思いました。たとえば「五十円かなぁ。それでやってくれない？」とか、「一万円でお釣りがくるぐらいかなぁ」とか言おうと思いましたが、やはり社会人として正直に言いました。

「ちょっと見当がつかないのですけど」

おにいさんは、トラックの車両代、三万六千円はかかります。人件費九万円ぐらい。約十三万円はかかります。と言いました。

僕は「ひえーーーー」と心の中で叫びました。正直そんなにかかるんだと思ったのです。同じ市内に引っ越すだけなのに何でと思いました。

僕は「もう少し安くしてもらいたいのだけど」と言いました。

おにいさんは、「休日と平日では、平日の方が安くなりますが、引っ越し日のご希望はありますか？」と言ってきました。

僕は手帳を見て、休める平日を確かめました。〇月〇日は休める日だったので、おにいさんに「〇月〇日がいいのですが」と伝えました。さらに十三万円は高すぎると伝えました。

ここからバトル開始。僕は攻勢に出ました。「じゃあ平日なので、七万円でどうかなぁ」と僕は言いました。おにいさんは、ぎょっとした顔になりました。多分「そこまでは下げられない」といった表情になっていました。

僕は、「これはおもしろいな」と駆け引きを楽しみました。そして紙にボールペンでこう書きました。「六万円ぴったり」と。おにいさんの顔はどんどん陰鬱になっていきました。僕は申しわけないなと思いつつこの駆け引きを楽しんでいました。

おにいさんは思わず「そんなには安くなりません」と言いました。

相場の分からない僕は「そうなんだ」と言い、「洗濯機はすぐに使えるように設置業者のオプション付けていくらになる？」と言いました。

電卓を激しく叩くおにいさん。「これでお願いします」と深々と頭を下げてきました。電卓には「八万一千円」とありました。もっと値下げしてもいいのですが、相場が分かりませんし、駆け引きを楽しんだのでそれで手を打ちました。「しゃんしゃん」

時間があれば他の業者にも見積もりを取ってと思いましたが、おにいさんの真面目な態度にほだされて、おにいさんに任せることにしたのです。よい青年に見えましたし、これ以上、困らせたくはないなとも思いましたし、十分楽しませてもらいましたしね。

光熱費

電気、ガス、水道。三大光熱費。こちらも手続きがいります。今住んでいるところの、電気、ガス、水道を止めることと、引っ越し先の、電気、ガス、水道を開始してもらう手続きを取らなくてはならないのです。

電気は○△電力に電話しました。僕は同じ市内に引っ越したので、スムーズに行きました。引っ越しする日で今の住んでいるところの電気は切ってもらう。同じ日に、引っ越した先の電気を使えるようにしてもらう。オペレーターにその旨を伝えただけです。簡単ですね。

ガスはプロパンガスでしたので、ガス会社に電話。○月○日にガスを止めにきてもらうことにしました。今住んでいるところのガスは止まりました。ガス会社って何社もあるのですね。それが分かりました。借家だとプロパンガスが多いと思います。ガス会社はアパートの大家さんが決めているのか、新居のガス会社も指定されていました。次に住むアパートには引っ越しする日にガス会社の人が来てガスの開栓をしてくれることになりました。

水道は、市の水道課に電話を入れました。「あのう、引っ越しするので、水道を止めてもらいたいのですが」と僕が言うと、女性職員の方が対応してくれました。水道も、今住んでいるところは引っ越し日に止めてもらい、引っ越し先も同じ日に使えるようにしてもらいました。こちらも電話でオッケーです。

引っ越し当日

○月○日、九時に引っ越しのトラックが来ました。作業員は三名。男性二名、女性が一名。皆さんお若い。

それから何がいいかといいますと、ほんと天気がいい。これは重要です。

作業開始。昨日までに梱包しておいた段ボール箱をどんどんトラックに入れていく。テレビを梱包してトラックへ。テーブル、ソファ、机、椅子を同じようにどんどんトラックへ。食器棚、テレビ台を解体してトラックへ。冷蔵庫、洗濯機もトラックへ。2トン車の中はほぼ埋まりました。

さあ出発。引っ越し先は、二キロ先のアパートです。そんなに離れていません。そうなのです。僕は環境を変えたかっただけなのかもしれません。

到着。今度はどんどんとアパートへものを入れていきます。僕はただ荷物の置き場所を指示するだけでした。僕は彼らの手際のよさに感心しました。もちろんお金を払っていますが、自分一人ではできないことをやってもらっているという感謝の気持ちが湧いてきました。

この若者たちも夢や希望を持っているのだろうと思いました。恋もしているだろうし、将来設計も立てているだろうし、未来は明るいのだろうなと思いました。うらやましいと思いました。

そうこうしているうちに、午前十一時になりました。ガス屋さんが来てくれました。ガスの開栓。いろいろと教えてもらいました。ガスコンロの使い方。冬季のガスの使い方。風呂の使い方等々。ガス屋さんは、プロ意識が強いのでしょう、これでもかと僕にガスについての知識を訴えかけてきます。ガスの使い方についてはお腹いっぱいになりました。

ガスの使い方よりも、このガス屋さんに興味が湧いてきました。彼は僕と同い年くらいに見えました。この人は結婚しているのだろうな、子供もいるのだろうな。暖かい家庭があるのだろうなと想像してしまいました。

そして僕は思いました。「僕はこのアパートでひとりぼっちで暮らすのだ」

挨拶

引っ越しは終了しました。隣の部屋の住民に挨拶をしようと思いました。挨拶タオルというのし紙が付いたものがあります。

のしの水引の上に「御挨拶」。下に「苗字」をサインペンで書きました。自分で書いた字です「趣がある字だな」と思いました。けっして「下手な字だな」とは言いません。それに「僕は字が綺麗に書ける」と言っているので、綺麗に字が書ける途中にあるのだと思うのでした。

隣の部屋の呼び鈴を押す。返事がありません。もう一度押す。やはり返事なし。車はあるので、寝ているのかなと思い、タオルをドアのポストに入れておきました。

次に二階住民の部屋の呼び鈴を押しました。一回、しばらくして二回目。不在のようです。やはりタオルをドアのポストに入れました。

隣に誰が住んでいても、それほど関心がなくてもいいのです。アパートの住民はそういう関係をうとましいと思う人もいるのでしょう。僕も特に近所づきあいをしようとは思っていません。それから「これでいいわけがない」と言いました。「ここにいつまでもいる人間ではない」とも言いました。

役所と警察

役所に行き、住所変更の届け出を行う。女性職員の方が対応してくれた。届出用紙に、引っ越した日付、旧住所、新住所、本籍地、筆頭者を記入、そして受け取ってもらった。旧住所の確認のため、運転免許証を提示した。マイナンバー通知カードの裏には新住所を記入してもらった。

とりあえず、住民票を三通取った。一通二百円なので、計六百円。

役所での所要時間は一五分だった。「いいペースだ」

そして、また車に乗り込み今度は警察へ。運転していた時間約二〇分。

運転免許証についての窓口に行くと、「運転免許証記載事項変更届」を渡された。免許証の番号と新住所を記入。さっき役所で取ってきた住民票も渡しました。

しばらく待っていると、男性職員から運転免許証を手渡され「裏面に新住所を記入しました。間違いがないか確認してください」と言うので、顔を近づけて「間違いありません」と僕が言うと、男の人は「では、これで終わりです」と運転免許証と住民票を返してくれた。

「はい、こちらもクリアー」

こちらの所要時間は一二分。僕は車の中で「役所より早く終わったぜー」と叫んでいました。なぜかゲーム感覚なのでした。

自分でやったこと

ここまで書いたことは、ちっぽけで些細なことかもしれません。しかし、僕が考えて実行したことです。

親や学校の先生から言われてやったことではありません。職場の上司に指示されてやったことでもありません。自分自身で考えて行動したことなのです。

さらに言うと、他人がやったことではありません。徳川家康や坂本竜馬がやったことではありませんし、フロイトやユングが考えたことではなく、僕自身のことなのです。

僕は、天下統一や大政奉還を成し遂げてはいません。精神分析や分析心理学を打ち立ててもいません。そういった歴史に残ることはしていませんが、自分で考えて実行したことなのです。それにより、僕は、自信を取り戻すことができたのです。

「ちっぽけなことだけど、自分でやった」「自分のやったことには、ちゃんと意味がある」「小さなこと、大きなことは関係ない。自分でやったことに意義がある」

あなたはテレビの出演者の行動を見て、自分がやったつもりになっていませんか？

また、偉人たちがやったことだけが、尊い行動だと思っていませんか？

さあ、あなたも、自分がやったことを書いてみましょうよ。

自分でやったことは、どんなことでもいいのです。些細でちっぽけだと思っていることに、実は価値があるのです。

4章

自分のことを言える環境

しゃべりたい

シナリオ通り、職場への報告ができた。離婚に関する手続きも全てできた。これは自分にとってかなりの自信につながりました。「自分のことをしゃべりたい」そう思うようになりました。

僕は人前に出られる環境を探しました。

こんな気持ちになるのは久しぶりです。高校生以来かもしれません。

人前に出られる環境と書きましたが、職場でも大勢の人の前で話すことはあります。プレゼンや会議でも発言しなくてはならない場合があります。そういった意味では人前で話をすることには慣れています。しかし、それって仕事に関する話しかしていないんですよね。自分自身の話はしていないのです。

僕自身のことが言える環境。本当の自分のことを言える環境を探していたのです。ただ、支離滅裂に自分のことを話すことは避けたいと思いました。そして、自分を見つめ直したいと思ったのです。

自分をもっと知りたい。自己理解が必要だと感じたのです。では、どうすればいいのか、それには、自分自身の過去のことを思い出すことが必要だと思ったのです。

僕は遠い昔から思い出すことにしました。

自分とは何か

「僕はどういった人間だったかを思い出してみよう」「僕はどういった行動をしていたかを書き出してみよう」そう思ったのです。

まず、子供の頃を思い出してみました。

僕が小学生の低学年の頃の話です。僕は仲間との帰り道、路傍の石（ほんとに小さな石）をつまんで口の中にパクっと入れ食べてしまいました。みんなは「ゆうちゃん、すげー」って言いました。それから、道端に生えている草も食べました。これに対しても友達たちが「すげー、すげー」って言ってくれたのでした。

これってどういうことでしょうか？　小学生時代の僕ってどういう考えをしていたのでしょうか？　みなさん分かりますか？

今、冷静に考えてみると、僕は超が付くほどの目立ちたがり屋だったのです。そう思います。

僕はテレビっ子でした。『テレビジョッキー』という番組があり、げてものを食べたり、おならを何発もしたり、そういった特技を披露するコーナーがあったのです。僕はその影響もあったのでしょう。石や草を食べてしまったのでした。ただ目立ちたいというだけで（よい子のみんなはマネしないでね）。

今、子供たちに人気なのがユーチューバーだと聞きます。この人達も目立つためにけっこう危険なことをやっていますよね。子供ってそういうものをマネしちゃうんですよね。

言えないこと

僕はお墓の中まで持っていこうと思っていることがあります。「それは言いません」「それは書きません」と言っちゃえばそれまでですので、書きますね。

それは、小学校五年生まで、おねしょをしていたということです。

僕にとっては本当に恥ずかしい思い出なのです。僕は夢を見るのです。トイレに行き、小便器の前でチャックを開けます。「さあおしっこするぞ」と言って、おしっこをしてしまうのです。夢なのだから覚めればいいのですが、覚めないままそこがトイレだと思っておしっこをしてしまったのです。しかしそこは布団の中、布団は濡れてしまいます。そして母に怒られるのです。

母は布団をリヤカーの上で干します。僕の家に遊びに来た友達がその布団を見て、「これ濡れてない?」と聞きます。僕は恥ずかしくなります。でも正直には言えないのです。僕は玄関先で気持ちよく寝ている猫を指さして、「タマ(飼猫の名前)が布団に入ってきてさ。小便しちゃったんだよね。しょうがないよねぇ」と言いました。

今思うにタマに悪いことをしてしまったなと思います。僕はタマに濡れ衣を着せてしまったのですから。

タマはそれを知らなかったのでしょうね。僕によくなついてくれたのです。僕もタマをかわいがりましたよ。

そしてタマが死んだ時に僕は号泣しました。だって僕が恥をかかないように、タマが身代わりになってくれたのですから。タマは僕の恩人、いや、恩猫なのです。

なりたかったもの

僕は子供の頃はウルトラマンになりたかった。正義のヒーローです。

僕はテレビっ子だったので、怪獣をやっつけてくれるウルトラマンが大好きでした。そういう正義のヒーローになりたかったのです。

僕が「ウルトラマンになるんだ」と言い続けていたら、はたしてウルトラマンになれたのでしょうか？　僕は「言葉は強い」と言っています。「ウルトラマンになるんだ」と言っていれば、それは実現したのでしょうか？

答えは「ノー」でしょうね。子供の頃の願望はまだ「ごっこ」レベルだと思います。つまりは「楽しみたい」「遊びたい」と思っているのです。なので、「ウルトラマンごっこ」をして、ウルトラマン役を演じる程度なのです。職業観はまだないでしょう。それにウルトラマンだけでは、この世の中を暮らしていけないですからね。何か副業を持っていないとね。

ウルトラマンも人間の時には科学特捜隊の隊員です。ちなみにスーパーマンのクラーク・ケントは新聞記者です。

しかしながら、テレビの影響は大きいのです。ウルトラマンはＳＦです。作りごとです。それでもワクワクして見ていました。楽しいのだからそれはそれでいいのです。よい騙され方をしていたのですから。

小学生の頃、テレビや映画を見て、ウルトラマン以外に、憧れていた人たちは大勢います。

古代進（宇宙戦艦ヤマト）。ブルース・リー。松田優作。高倉健。伊東四朗。江戸川乱歩。野口英世。長嶋茂雄。ブラック・ジャック。金田一耕助。五木ひろし。くず哲也。ユリ・ゲラー。ルパン三世。伊達直人。星飛雄馬。番場蛮。

あらゆるジャンルの人に憧れていました。こう考えると、いろいろな人に憧れていて、なりたいものが選べない自分がいたのだなと思います。

しゃべっていいの？

僕の家庭は会話の少ない家庭でした。そして僕も一人でテレビを見るのが好きだったし、人に会っても何をしゃべっていいか分からなかったのです。

僕は何かを質問されるのが嫌だった。できるだけ会話をしたくなかった。「それから」と誰かが僕に言います。僕は「それだけです。だから僕は会話が苦手なのです」会話が苦手なので、人とうまく関われないし、暗いし、落ち込むことも多いし。「それだけかい」とまた誰かが僕に言うのです。

「悩んでないで、人前で話をしたらいいじゃん。変わればいいじゃん」と誰かがまた僕に言いました。

そうなのです。「変われないのだ」「これでいいのだ」ではだめなのです。「これではだめだ」「これでいいわけがない」と言いましょう。会話ができるようになる。努力する。向上心を持つ。

遠慮しなくていい。僕は人に忖度し過ぎて、人に気を遣い過ぎて、遠慮深い人間だった。

人生一度きりなのだから、遠慮しなくていい。遠慮せず生きればいいのだ。

「よく分からない」という人もいるでしょうが、とにかく「遠慮しないで楽しめ」なのです。これはあなたに言ってもいるのですが、僕自身にも言っているのです。

僕は遠慮ばかりしていました。好きなものがあっても人に譲っていた。なぜ自分が好きなのにそれを獲得しようとしなかったのか？　自分が欲しいものは「欲しい」と言えばいいのだ。自分が欲しいものは手に入れればいいのだ。

遠慮することはないのです。

会話が苦手なら、まず始めに何がしたいのか、何が欲しいのかを言えばいいのです。そこから始めましょう。

買いたいものは言う

子供の頃、母と模型屋に行きました。僕が欲しかったのはミニチュア模型の太い柔らかいタイヤでした。母に「どういうタイヤが欲しいのよ?」と言われてもうまく表現できませんでした。お店の人が模型のタイヤをいくつか出してくれました。その中には僕が欲しいタイヤはありませんでした。

しかし、お店の人に悪いなと思ったし、連れてきてくれた母にも気を遣ってしまい、細いごつごつした固いタイヤを買いました。

家に帰ってそのタイヤとバルサ板を使って車の模型を作りました。

僕がイメージしていたのはＦ１マシーンでしたが、出来上がったのはトラクターのようなものでした。別にトラクターをバカにしているわけではないのですよ。

僕はリモコンでそれを動かしましたが、なんとなく情けなくなっている自分がいたのです。それって僕が欲しいものではなかったからです。

自分で自分を納得させるために「これでいいんだ」と言ってみましたが、みじめな感情が湧いてきました。

それを今でも後悔しています。「これでいいんだ」と変に納得しないことだ。「僕が欲しかったのはこれじゃない」「これでいいわけがない」と言いましょう。

言葉の重み

僕はプロ野球選手になりたかった。

これもテレビの影響です。『巨人の星』というアニメがありました。僕は星飛雄馬のようになりたかったのです。野球は中学校までやっていました。しかし、万年補欠でした。

あの頃の野球部は上下関係が厳しかった。（今もそうかな？）先輩には絶対服従。これには馴染めませんでしたけど、三年間よく頑張ったなと思います。しかも丸坊主でした。これは嫌でしたね。他の部活の生徒は普通の髪の毛なのに、野球部だけ青々した坊主。しかし、これも自分が決めて野球をやろうとしたのだから仕方がないのです。

僕の中学の野球部はけっこう強かったですね。三年生の時は地区大会で軽々優勝。県大会では惜しくも準優勝でした。県で二番目に強いのですよ。僕は補欠でしたけどね。

監督はこう言いました。「県大会で準優勝できたのは、レギュラーメンバーだけの力ではない。いつも練習を支えてくれた『縁の下の力持ち』がいてくれたからなのだよ。それを肝に銘ずること」とレギュラー組と補欠組を交互に見て言ってくれたのです。

僕はうれしくなりました。そうなのです。ここから僕はずーっと「縁の下の力持ち」として生きていくことになるのです。だから言葉の力ってすごいのですよ。

それから。僕は中学生の頃、風呂に浸かりながらこうも言っていました。「一日に最低一回は悩もう」と。これはどういう意味があったのでしょうかね。自分に負荷をかけていたのでしょうかね？「中学生の頃って部活もつらかったし、楽しんでいなかったなぁ」と思うのです。そして中学三年生でプロ野球選手になるのは諦めてしまいました。

はったり人間

僕は「はったり人間」です。知ったかぶりをするのです。これって努力がいりますよ。

中学生の頃、僕は理解力に乏しかったのです。人が何を言っているかよく分かりませんでした。あまり人の言うことを聞いていないということもあったのかな。

友人から「この意味分かる?」と聞かれて、僕は首を傾げました。「なんだ分かんねぇのかよ」と言われてしまったのです。これってショックでした。これだけでショックなのですから何と気が弱かったことか。

僕はその時から知ったかぶりをしだしたのです。「それ知っているよ」「アイノウ」「分かる、分かる」「それってこういう意味ですよね」「引き受けるよ」つまり、理解していなくても全て「分かる」って言ってしまったのです。

「バカにされたくない」「仲間外れにされたくない」「みんなと一緒にいたい」「楽しい会話をとぎれさせたら友達は怒ってしまう」というような考えが浮かんで、僕は「はったり人間」になってしまったのです。知らなくても知っているよと言うようになってしまったのです。

けど、いいこともあります。その知らないってことを僕は放っておかず、辞書を開いて調べたのです。「知っているよ」と言ってしまっていたので、他人に聞けません。自分で調べるしかなかったのです。

これも言葉です。友達の「なんだ分かんねぇのかよ」って言葉により、僕は「はったり人間」になってしまったのです。

知らないことには「そんなの知らないよ」と言えばいいのにね。けっこう僕って意地っ張りなのです。

タレント

テレビの世界はとにかく華やかに見えました。テレビの中では俳優さんやタレントさんがキラキラしながら、動き回っていました。僕は「このテレビの中に入りたい」と思ったのです。

確か高校一年生のときでした。「俳優になりたい」と思った僕は、劇団に入って演劇を学び、あわよくば俳優になりたいと夢見たのです。社会人になっていた姉だけには相談しました。そうしたら、町の洋服屋に連れて行かれ、黄色いパーカーと緑のズボンを買ってくれたのです。僕は感謝しました。制服とジャージはあるのですが、気の利いた私服はなかったのですから。

僕は東京にある劇団△□まで行きました。三人一組が会場に入れられて、簡単な面接のあと、台本を読むのです。僕は緊張のあまり、カミカミでした。つまり言葉をかんじゃったのです。「最悪だ」と思いました。

僕の次の紺色の服の女性は、しっかりと受け答えしていて、台本も滑舌よく読んでいました。

三番目の少女は花柄のワンピースを着ていました。こちらもはきはきと話をして、台本もかわいらしく感情を込めて読んでいました。

僕は落ち込みました。この人たちは俳優を目指しているのだ。僕は本当に俳優を目指しているのだろうか？

面接と台本読みが終わって、僕は恥ずかしさのあまり、すぐに帰ろうとしましたが、紺色の服の女性に呼び止められました。花柄のワンピースの少女も一緒でした。僕たちは、劇団の玄関先で話をしました。

紺色の服の女性は僕よりも一つ上の高校二年生でした。だけど大人っぽく見えました。福島県から来ていて、今日は叔母さんのうちに泊まるのだと言っていました。

ワンピースの少女は中学二年生で、東京っ子でした。「あのねぇ、台本読むときは、もっと落ち着いたほうがいいよ」って、ため口で言われました。

僕は「そうだよね」って言うしかなかったのです。それから、東京の子って、やっぱり違うなって僕は思いました。

懐かしい思い出です。

数日後、劇団△□から封書が届きました。中身を開けてみると、何と合格でした。だけど、振込用紙も一緒に入っていました。高額でした。家庭の事情は知っていましたし、両親には言えませんでした。姉にも「お金出して」とは言えないなと思いました。

それに、僕は自分でも「最低」と思えるくらいの台本を棒読みしていて、なおかつかんでしまっていたので、薄々感じていました。「誰でも合格なんだな」って。お金さえ払えばこの劇団に入れるんだなって思ったのです。

自由

僕は大学に合格しました。そして親元を離れました。念願の一人暮らしです。六畳一間、共同トイレ、風呂なしのアパート。僕はそれでも快適でした。なぜなら自由を手に入れたからです。

友達もできました。

大学にも真面目に行きました。四年間で卒業できたのはよかったと思います。

バイトもやりました。引っ越しのバイト。牛丼屋のバイト。サッシ工場でのバイト。半導体工場でのバイト。パン工場でのバイト。遊園地でのバイト。思い出してみたらいろいろなバイトをやっていたのだなと自分でも懐かしく思います。

大学生の頃に「将来の希望は？」と聞かれても、将来ってものが見えてこなかったのです。その頃にはウルトラマン、それからプロ野球選手になるのはもう諦めていました。（笑）

僕は、大学三年生の終わりから就職活動を始めました。まず、リクルート雑誌をペラペラめくっていると、ＩＴ企業の会社で働いているわが大学の先輩（男性）が載っているではないですか。僕はこの人に会いたいと思ってしまったのです。

僕はそのＩＴ企業に電話をかけて、「〇〇大学の、林と言いますが、△△さんいらっしゃいますか？」と告げると、△△先輩が電話に出てくれたではないですか。僕は自己紹介をして「是非、先輩のお話を聞きたいのですが？」と言っていました。先輩は会ってくれることになりました。

僕は約束をした日に会社に行きました。優しそうな先輩でした。いろいろ会社のことを教えてくれましたし、試験に向けてのアドバイスもしてもらいました。実際に見て、雰囲気がよさそうな会社でした。僕はこの会社に入ろうと決めてしまいました。

後日、試験を受けました。しかーし、結果は不合格。まあ、そういうこともありますよ。

でも、実際に先輩に会いに行ったっていうことは事実です。この頃の僕ってけっこう積極的だったのですね。ずうずうしかったのかな。

就職

僕は、大学を卒業してサラリーマンになりました。ウルトラマンにはなれませんでしたが、サラリーマンにはなれたのです。

スーツを着て出社。フレッシュマンです。総務部に配属されました。自社株に関すること、施設の修繕や備品の管理、外部からの調査の対応、いろいろなこまごましたこともやらされました。いわゆる「何でも屋さん」でした。

ある日、常務（取締役）に呼ばれたので、三階の役員室へ。常務はこう言いました。「総務君、来てくれたのね。トイレの水の流れが悪いのだけれどね。直しておいて」僕は、「総務君じゃないけどなぁ」と思いながら、「分かりました」と言いました。

確かに大便器の水の流れが悪い。水量はあるのだが、うまく下に水が流れない。柄に黒いゴムが付いた用具ですっぽんすっぽんとやりましたが、流れない。棒でつっつくと何かに当たりました。僕はゴム手袋をして便器の穴に手をつっこんでみました。何かに触れました。だけど取れないのです。上司に報告し業者を呼びました。業者は便器を床から外して、便器の下から異物を取り出しました。それは芳香剤の蓋でした。誰かが誤って便器に落として、便器内で取れなくなってしまったのでしょう。

僕は犯人が常務取締役なのだろうと思っています。けど、今となってはそれを知る由もありません。

僕はこんなこともしていたなぁと懐かしく思い出しました。中学時代に野球部監督から言われた「縁の下の力持ち」という言葉の通りに、僕は裏方の地味な仕事をこつこつとこなしていたのです。これも言葉の力だったのです。

何かを表現

大学を出て、五年間会社勤めをして退職しました。体を壊したこともありましたが、「自分には合わない」「好きなことをしたい」そう思って退職してしまったのです。好きなことって？　やはり俳優になりたいという夢を諦めていなかったのです。劇団に入り、そこで僕の演技が認められて、映画やテレビドラマに出る俳優になろうと思ったのです。

しかし、会社を辞めてから僕がやったことは、毎日三本の映画を観て、夜になれば好きなものを大量に食べて、ビール瓶一本は必ず空けるというものでした。他人の演技をただ観ているだけでしたし、結果として、ただ単にぶくぶく太っただけでした。「今までのズボンがはけない」（笑）そうなってしまいました。

貯金も少なくなってきたということもあり、僕は退職してから六カ月後、またサラリーマンに逆戻りです。なんだか実行に移せない自分が情けなくなりました。

僕は二十七歳の僕に謝りたい。「好きなことやらせてあげられなかったね」「これから楽しいことやってもいいよ」と。今の僕を、二十七歳の僕は許してくれました。そして言ったのです。「楽しいことをやろう」

しかし、もう五十二歳という年になってしまっています。

思い出

思い出ってやっかいなものなのです。

父が死んだとき、僕は泣きました。僕は父が死んでも泣かないのだろうなと思っていたのだけど実際には泣いていませんでした。人前では泣いていません。車の中で一人泣きました。僕は三十歳なのに泣いていました。

それは思い出のせいなのです。父との思い出なんてないのだと思っていたけど、思い出はあったのです。その思い出が出てきちゃったので、僕は泣いてしまったのです。

農家であり、建設作業員であった父。毎日、酒とたばこは欠かしませんでした。寡黙な父でした。ほとんど会話をした記憶がありません。

ただ、一度だけキャッチボールをしたことがあります。それは僕が小学校四年生の時です。僕の家は農家で外にもトイレがありました。僕はそのトイレの壁にボールを投げて、ゴロで戻ってくるボールをさばいていました。

そのとき父がボールを拾って、僕に投げてきました。そして、何も言わず手のひらを突き出しました。「投げろ」と言うのでしょう。僕は下手投げでボールを優しく投げました。父は素手でキャッチ。父も下手投げで優しく投げてきました。何回かその繰り返し。一度だけのキャッチボールでした。言葉のキャッチボールはなかったのですが、心でキャッチボールをしていたのです。車を運転していた時、そのことを思い出したのです。僕は不覚にも泣いていました。

思い出ってやっかいなものなのですね。それが分かりました。

父は六十七歳で心不全のため突然亡くなりました。働き者でしたが、病院嫌いだったのです。

僕の性格もまた寡黙です。これを父親譲りというのでしょうかね。

自虐的

僕は自虐的なのかもしれません。僕が自虐的になると、他人が笑ってくれることを僕は知っています。不幸まではいかないのですが、軽い失敗や失言などに対して笑いが発生するのです。

小学生の頃、僕の幸せは日曜日でした。ラジオを聴きながら、少年誌を読むのが至福の時でした。

ラジオでは、聴取者が失敗談やドジな話を投稿して、それをパーソナリティーが紹介する番組がありました。僕はそれを聴いていてお腹を抱えて笑っていたのです。他人の失敗って本当におもしろいなと思ってしまったのです。

僕もラジオで僕のドジ話を聴いてもらいたい。人からウケたいと思っていたのです。ただそれだけのことで、失敗やドジなことが起きないかなと思っていたのです。

ということで、僕は失敗やドジなことを重ねてきてしまったのです。宿題を忘れて先生から怒られる。音痴なので先生から指導され、あまりの音痴さに仲間からは笑われる。野球の試合でも何でもないフライを落球して、ボールを蹴ってしまう。ランナーがいないのに送りバントする。社会人になっても、小さな失敗で怒られてばかりでした。ゴルフでも砂遊び（バンカー）や森林浴（林の中）は当たり前です。周りの人間は「大丈夫かな。この人」って思っていたでしょうね。これって「ドジをしたい。失敗したい。人からウケたい」と思っていたのでしょうね。その通りに自虐的なことが起こりました。これって自分が望んでいたことなのです。

橋

会社ってウケをねらう場所ではないのです。失敗をするってことは、自分だけの問題ではなく、会社全体に迷惑をかけてしまうのです。「組織で仕事をやっているのだからな」「一枚岩になってやってくれよ」と先輩や経営者からよく言われました。「会社のために自分を捨てろ」とまでは言われませんでしたが、近いものがありました。

僕は自分を隠しました。失敗しないように、ドジなことをやらないように必死でした。僕は慎重に事に当たりました。報告、連絡、相談を密に取り、根回しをして、常に確認を怠らずに仕事をこなしていきました。

僕が同僚から言われたのは、「おまえは、石橋を叩いて割って壊して、石橋をまた作り直して、その作り直した石橋を渡っているみたいだよな」というものでした。まあ、確かに慎重に慎重に仕事をこなしてきました。時間をかけてもいいから失敗しないよう失敗しないようにしていたのです。

「これって自分ではないな」と思いました。心と体のバランスが崩れて、精神的にも体力的にも「きついなぁ」と言っている自分がいたのです。

「自分だけではないのだ。会社の人に迷惑をかけたくない」「足手まといになりたくない」「完璧に仕事をこなさなければ」そうやって仕事をしている人は多いのではないでしょうか。それってつらくないですか?

そうなのです。つらいですよね。けれど、それをやらなければ、怒られる。社会からはみ出してしまう。自分勝手なことをやっていれば、会社を辞めることになる。経済的にも困ってしまう。そういう不安が出てくるのですよね。

逃げ場所

あなたの夢は何でしたか。それをやろうとしたのですよね。しかし諦めた。そして勤め人になってしまった。社会という厳しい環境に身を投じてしまったのですよね。大量の書類。残業。上下関係。根回し。毎日へとへと。子供の頃に夢見ていたこととは程遠い環境。

それでは、どうすればいいのでしょうか?

逃げ場所を作りましょう。

あなたが楽しいと思ったことをしましょう。もちろん。テレビを見るのもいい。ユーチューブを見るのもいい。絵を鑑賞するのもいい。

そういった情報を受け取るのもいいのですが、自分で何かをやってみる。実はこれなのです。

僕は車の運転をするのが大好きです。英語の勉強もします。そして、こうやって文章を書いています。

仕事はやってもいいのですが（あえて「仕事はやらなくてはならないが」とは言いません）、仕事以外に自分が楽しいと思うことをすることが大切だと思います。

仕事に楽しみを見出している人はそれでいいと思います。楽しいのですから、朝から晩まで仕事をやっていればいいのだと思います。

では、仕事は趣味ではなく生活の糧だと言う人、仕事を嫌々やっていると言う人はどうすればいいのでしょうか？　仕事以外に自分で何かをやることだと思います。音楽が好きなら、聴くだけでなく楽器を演奏するとか、漫画が好きなら、読むだけでなく、自分で描いてみるとか、野球が好きなら観るだけでなく、やってみるとか、自分でやってみればいいのではないでしょうか。

くたくたになっていて、何もしたくない。そう言わず、何かをしてみましょうよ。

不安は不安を呼ぶだけですよ。

逃げ場所を探しましょう。僕の逃げ場所は「自分で何かをやること」なのです。

僕の性格

「超がつくほどの目立ちたがり屋」

「会話が苦手。不得意」

「人に影響を受けやすい」

「ずうずうしい」

「はったり人間」


いろいろな性格が僕の中に潜んでいます。支離滅裂な性格の持ち主であり、その場その場、環境によっても、僕は性格が変わってしまうのだな。いや、僕の中にはいろいろな性格の持ち主がいるのだなと思ったのです。

本当になまけものの自分もいます。そのなまけものは毎日何もしないで僕の中で生きています。ある日、違う性格の自分がなまけものの自分に向かって、「何で、ウルトラマンにならないんだ」と怒りながら言いました。そしてさらに「何で俳優にならなかったんだ」「何で楽しいことをしないんだ」と言うのです。「それじゃ、やるやる詐欺じゃないか」とまで言われてしまいました。

確かに、僕の中には、なまけものの自分がいます。なりたいものになっていない自分がいます。「やるやる詐欺」って言われて、そのなまけものは、「こんちきしょー」って思ってしまいました。なまけものの自分は「やるやる詐欺」と言ったもう一人の自分に向かいキレながら「やりゃいいんだろ。やりゃー」と言い返してしまったのです。

言ってしまったものは、やらなくてはいけません。約束は守らなければなりません。

それで僕は楽しいことをすることになってしまったのです。

5章 本を出す

本が好き

さあ、次は僕が本を出したことについて語ります。

「はじめに」に書いたとおり、僕は五十二歳で、バツイチ、独身です。普通のサラリーマンです。「こういう人でも本が出せるんだ」「どういう本なの」と思った人もいるでしょうね。

そして、興味が湧いたのではないでしょうか？（違ったらごめんなさい）

あなたはいろいろな生き方を模索しています。そして僕の経験も一つの人生のサンプルなのです。こういう生き方もあるのだと思ってもらえれば幸いです。

僕は自分の経験を文章にまとめてみようと思いました。昔から本を読むこと、文章を書くことは好きでした。特に想像力をかきたてる本が大好きでした。その本の中に入り込んでしまう自分がいたのです。その本の主人公になり、ハラハラドキドキするのが好きでした。僕は本を書きたいと思いました。

僕が書いていることは、僕の好きな冒険活劇ではないのですが、自分はハラハラドキドキしながら書いています。冒頭で「ただのサラリーマンの私が本を出すことになりました。簡単にこの本の内容を話しますと、人生にはいろいろなことが起こるけれども、つらいことは乗り越え、楽しいことは受け入れるという、シンプルなことをやっていこうということです」と書きました。僕の書きたいことはまさにこれです。この通りに書いています。

行動

前にも書きましたが僕は「本を出しました」「その本は魅力的な本です」「その本はベストセラーです」という言葉を言っていました。そして僕の脳は本を書くにはどうしたらいいのかを教えてくれます。僕は脳が教えてくれたことを行動に移すだけなのです。それで本が書けてしまったというわけです。

本を出すには何をしたらいいのか？　まず僕の脳は「文章を書けばいいのです」と教えてくれました。「当たり前じゃないか」と僕は思いましたが、従うことにしました。

僕はノートパソコンの前に座り、キーボードを叩きだしました。するとどうでしょう。どんどんどんどん、頭に書きたいことが浮かんでくるのです。どんどんどんどんです。そしてパソコンのキーボードを叩き続けました。バチバチバチバチとキーボードが壊れてしまう勢いで指が動いていました。そしたら一日で三十二ページ分を書いてしまっていたのです。二カ月後には五九八ページ分の文章量になっていました。苦痛はありません。むしろ楽しくて楽しくて仕方がありませんでした。

インスピレーションといいますか、何かが降りてくるのですよね。それを文字にしているだけというか、そういう感じでした。とにかくとりつかれたように、僕はキーボードを叩いていました。

こんなイメージです。僕は情熱的なピアニストです。全身を使い指に力を集中させて力強く鍵盤を弾いて音を奏でます。そして、聴衆は僕の演奏に魅了されます。演奏終了とともに、拍手喝采の嵐。これと同じようなことが僕に起こっています。僕は情熱的なエッセイストです。全身を使い指に力を集中させて力強くキーボードを弾いて言葉をつづります。そして、読者は僕の文章に魅了されます。本を読み終わるとともに、感動の嵐（笑）。

集中

インスピレーションを受け取ったら、すぐにワープロに書きましょう。インスピレーションで「単語」だけが出てくることもありますが、それはヒントですので、できるだけその場で文章に加工しましょう。

たとえば「空」という単語だけを受け取ったとします。「空」という単語が頭に浮かんだ。それを受け取ったあなたは、空とはどういう意味があり、どう肉付けしたらいいのかとそこまで感じて文章にすぐにまとめてください。「空の青さに心が癒される。空の大きさに圧倒された僕は自分の悩みの小ささに気付き、『俺ってちいせぇ人間だよなー』と瞳を空色に染めながら微笑むのでした」

ただ「空」とメモしておいても、あとでそれを見て、その時の心情がもう薄れてしまってタイムリーではなく、情熱的になれなくて、魅力的な文章も作れないのです。なので、インスピレーションを受け取ったらその場で文章としてまとめましょう。

あとでメモをしていた「空」という言葉を見た僕は多分こんな文章を書くでしょう。「空々しいって言葉がありますが、空となにか関係しているのでしょうか？　そして、空豆っておいしいですよね」とまったく、インスピレーションとはかけ離れた文章が完成してしまいます。

そして、集中して書くことが必要です。僕は部屋で一人集中して文章を書きます。たまに喫茶店でも書くのですが、扉がバタンとしただけで、集中力が途切れることがあります。

人が話をしていてもそうなります。文章に人の会話が入ってきたりします。

テレビをつけていてもそうなりますので、自分の部屋でテレビもつけずに集中して書きます。

編集

大量に書いた文章がここにあります。どんどん書いた文章です。過去の自分のこと、自分の夢のこと、離婚のこと、憧れていた人物のこと、出会ってきた人々のこと、自分の性格のことなどなど、僕の職場の机の上と同じでめちゃくちゃに積み重なってしまいました。煩雑に書き連ねて放ってあります。

僕はこの大量の文章を見て「磨けば光るダイヤモンドの原石さー♪原石さー♪原石さー♪」と、なぜか歌っていました（曲名、『ダイヤモンドの原石さ』作詞・作曲、林由人）。

さあ文章を磨かなくてはいけません。まとめなくてはなりません。僕は映画のことを考えました。台本があり、いろいろなシーンがあります。そのシーンを撮っていきます。ファーストシーンから撮影する監督もいれば、逆にラストシーン、また途中のシーンから撮る監督もいるでしょう。大量の映像が集まります。それを編集しなくてはなりません。名監督と言われる人は、編集にも力を入れていたと思います。

それと同じです。「魅力的な本」にするために、僕は大量の文章を編集しなくてはならないのです。

ここでまた「言葉」が重要になってくるのです。前にも書きましたが、ポジティブな言葉たちが、たがいに手をつなぎ、あなたを幸せに導いてくれるのです。

今度は「整理整頓が得意だ」という言葉が僕を助けてくれました。これは毎日言っている言葉の一つです。この言葉が僕の目の前に現れて、編集を始めました。ワープロの文章を一つひとつ、種類別に【ビジネス】【健康】【家族】【思い出】【報告】【引っ越し】等々に分けていきました。それぞれにワードの色を変えたのです。明治の文豪は原稿用紙に万年筆だったのでしょうが、僕はワープロを使います。こうやって文字の色を変えることだってできるのです。本当に便利な世の中になったものですね。大事なことは「僕は整理整頓が得意だ」「編集なんて簡単さ」と言っていたことにあります。そうしたら、順調に文章をまとめることができたのです。

言葉って、優秀なロボットみたいですよね。僕の場合。「『ロボちゃん（整理整頓）

頼むぞ！』と言って秘密基地からロボットを出動させるのです。そうするだけで、「言葉」が大活躍してくれるのです。

事を起こすときには

僕は本を書くこともそうですが、何か事を起こしたいときには、必ず使っているものがあります。そう、もうお分かりですよね。「言葉」です。「言葉」をうまく使っているのです。

本の冒頭で書きました。しかも大きく書きました。


「僕は本を出しました」「その本は魅力的な本です」「その本はベストセラーです」

「僕は言葉の魔術師です」「僕は文章を書く天才です」「僕は魅力的な文章を書いています」「あっというまに一冊の本が出来上がりました」

「僕は自分を癒すのが趣味です」

「元気がでちゃう本」

「楽しくって楽しくって仕方がないんだよー！」

――未来の自分を描くのは、本当に楽しいのです（^^）……大変おもしろい本なのでぜひ読んでください。――


そう、こう書きました。そして、言っています。僕は言ってしまったことは、実行しようとします。そう僕は真面目なのです。そして僕は律儀です。

そういった性格を利用して、目標を掲げて、本を書いてしまったということです。

実はこの冒頭に書いた言葉は、皆さんに読んでもらいたくて書いたのではありません。僕がこの言葉により「魅力的な本を書く」ために書いたのです。僕は原稿を書く前に冒頭の言葉を読んでパソコンの前に座るのです。するとインスピレーションが降りてきて、自然に文章を書いてしまっているのです。不思議ですよね。だから、言葉って強いし、すごいんですよ。

恥ずかしい

大学生の時に、小説を書いたことがあります。自分が何者かに狙われるミステリー小説です。わりとうまく書いたと思います。仲間内にも好評でした。大学ノートに二十五ページ書いた短編小説です。ある謎の男に僕が殺害されそうになるという内容でした。その男はレアな服マニアで、僕が着ている超レアな服が、その男のものと同じだったため僕に危害を加えてきたというものでした。服が同じだけという理由で事件は起こったというお粗末な小説でした。キャンパス内の情景も入れ込み、僕の友人たちも登場させました。友人たちの特徴も詳しく書いていたので、ウケたのだと思います。

お粗末でもいいのです。それを書いている時は楽しかったのですから。ウケねらいでもありました。楽しいって思うことが重要なのです。

僕は、それ以降もいくつか小説なるものを書こうとしました。実際に文章を書いていきました。しかし、書いている途中で「こんな私的な文章なんて誰も読まないよ」という思いが出てきてしまうのです。そして、「めんどうくさい」という言葉も出てきてしまいました。こうやって文章を書くのは途絶えてしまったのです。

ではなぜ、今、文章を書くことができるようになったのでしょう。それは経験を積んだということもあります。仕事を長年やってきて、仕事はできるようになりました。仕事ができるなら文章を書く、本を書くこともできるだろうという拡大解釈と、「自信」という言葉がうまくコラボしてくれました。毎日「自信はあります」と言っていますからね。そして、なんといっても「楽しんでいる」ということが重要なのです。大学生の時に書いた、お粗末で稚拙な小説を思い出しました。その小説を書いた大学ノートは捨ててしまいましたが、その頃の「楽しさ」は思い浮かべることができます。その「楽しい」という感情をよみがえらせて、文章を書いているのです。

ものを書く環境

僕にはなりたい職業がいくつもありました。その一つに「物書き」というものがあります。

小説家とかエッセイストとかいうものですが、なんか「物書き」っていう言葉が好きなのです。ものを書いて、大勢の人に読んでもらい、なおかつ生活できればいいなと思っています。

若い頃に想像していたことがあります。それは夢にも出てきました。僕は一戸建てに住んでいます。二階の書斎からは公園が見えるのです。その公園には木が何本も植えられています。子供たちが遊んでいます。僕はその風景を見ながら、ものを書いているのです。夢の中なのですが、鮮明で具体的だったのでいまだに印象に残っているのです。

今は田舎のアパートに一人暮らしです。確かにものを書くには環境がいいと思います。窓から外を眺めると、畑、介護施設、遠くに林が見えます。のどかです。その風景を見ながら、僕はこの本を書き上げたのですから、環境はよかったのでしょうね。

ただ僕は夢で出てきた風景が忘れられません。多分僕はこのアパートから、一軒家に移るでしょう。そう書斎がある家です。夢の中の風景が、現実になるということを経験することになるでしょうね。

2章「なりたい自分になる」の中で、「僕の肩書はエッセイスト・作家・物書きだ」と書きました。そして、言っています。それは現実になるのです。

プロフィール

僕は本の後ろに書いてある「著者紹介」を読むのが好きです。

【一九△△年、○○県出身。○○大学卒業。大手○○勤務を経て、作家へ転身。○○アドバイザー、○○コンサルタントも務める。】

多くがこのような肩書ですかね。

そして僕は思うのです。「ちょーいい大学だし、経歴がすごいよね。やっぱり、本を出す人ってこういう人なんだよね」と。なるほど、すごい経歴だと思うのです。僕は普通のサラリーマンです。僕の経歴を考え、書かなくてはならないと思いました。

でも、形にこだわらない経歴があってもいいのではないか、経歴詐称をしなければ、どんなプロフィールでもいいのではないかと思ったのです。

そして、僕のプロフィールは出来上がりました。

【著者紹介】

林由人（はやしゆうと）

一九六五年生まれ。ただのサラリーマン。いや、この本を書いてしまったってことは、物書きでもある。

幼少期は天才少年と言われていた（一回テストで百点を取ったことがあり、それを見た友達が「天才少年」と言っただけ、それ以降は百点を取ったことはない）が、中学、高校、大学ではぱっとせず、やがてサラリーマンへ。

ある出来事がきっかけで、執筆活動を始める、これは初めての本である。

自分で自分のことを魅力的な人間だと言ってしまう男。

趣味はドライブ。好きな食べ物は焼き肉。好きな色は黄色。好きな果物は桃。好きな野菜はキャベツ。】

すみません。ちょっと、ふざけ過ぎですね。もう少し、真面目に、簡略にしたものを後ろに載せました。

誰に書いているのか

僕は誰のためにこの文章を書いているのでしょうか？　もちろん自分のためです。けれども、もしかしたら僕はあなたに対して文章を書いているのかもしれません。僕はあなたに似ているのかもしれません。というか、僕とあなたには共通点があるのかもしれませんね。「そうだなぁ、分かるなぁ」と少しでもあなたが思ってくれれば幸いです。

あなたは、もしかしたら自信がないのかもしれませんね。だけど、生きていく上で、自分を偽って見栄を張っているのではないですか？

誰でも、落ち込むことはありますよ。寂しいと思うこともありますよね。意地を張ってしまうこともあるでしょう。つらいときでも「つらい」と言えないでいるのですよね。

そうなのです。僕はこの本を自分のために書きました。しかし、あなたの本でもあるのです。つらいと思ったことをあなたは我慢しているのですよね。「つらい」と言えない立場なのですよね。僕もつらい経験をしてきました。だけど、それを乗り越えました。今はすがすがしい気分です。

そうなのです。僕は「つらい」という言葉を打ち消しました。僕はあなたの「つらい」という言葉を消し去りたいのです。そのためにこの本を書いたのです。

決して、「傷のなめあい」ではないのですよ。「負け犬の遠吠え」でもありません。「前向きな行動」のための本なのです。

おもしろい

僕が文章を書くときには、「僕が一番おもしろい」と言っています。僕はおもしろい人間だと思っています。自分を鼓舞する意味でです。しかし、これがどこかから脳に伝わって、僕を世界中で一番おもしろい人間にしてくれようとしてくれるのです。

それから僕は集中するためにテレビは消します。ネットもやりません。

そして、脳が勝手に僕のおもしろいエピソードを探してきてくれます。小学生の時のことを書けばおもしろいんじゃないかとか、この失敗はけっこうウケるんじゃないかなって、もう一流のプロデューサーのように僕に提案してくるのです。

僕は、「そうだね。そうしようか」「分かったよ。これを書けばいいのね」と彼に従うだけなのです。

そう僕は「言葉」っていうものがいかに強いか知っています。そして、この頃には僕は「言葉」をうまく使いこなせるようになっていたのです。

テレビやネット、YouTubeを見て、「おもしろいなぁ」と思っている人は多いと思いますが、はたしてそれだけで、あなたは満足しているのでしょうか？　自分もやりたいと思わないのですか？

僕は「自分が一番おもしろい」と言っています。そして、自分で自分自身のことを興味を持って見られるようになったのです。過去の自分から、現在の自分まで、興味を持って見ています。自分を自分で見るのです。そして、「僕っておもしろいな」と言っているのです。

テレビ、ネット、YouTubeもそうですけど、あなたのことではないですよね。

もっと自分を見つめてみてはどうでしょうか？　他人の事よりもまずは自分のことを見つめてみましょうよ。

楽しみながら○○する

「言葉で言っちゃえばいいんですよ」と言っています。僕はずっと前から願望を言ってきましたがかなわなかったこともあります。それは一度言った「言葉」を打ち消してしまっていたからです。「小説家になりたいけど、しんどいだろうなぁ」とか「小説家になったらその世界に入り込んじゃうのでは、それってなんだか怖いなぁ」、それから「劇団員になっても食っていけないだろうな」

僕は二十七歳のとき、劇団に入って演劇をやりたかった。だけど断念。それは願望の「言葉」を打ち消してしまっていたからです。

では、願望の「言葉」を言い続けていたら、望みはかなうのですか？　という質問があったとします。

僕の答えは「それは、あなた次第です」なのです。

あるテレビの番組で言っていますよね。「信じるか、信じないかは、あなた次第です」って。霊やUFOを信じるのはあなた次第なのです。

そういうことです。では、願望の「言葉」を言い続ければ、それはかなうのかということですが、これって、あなたが自分自身を信じられるか？　ってことなのですよ。自信がなければ、途中で願望を言わなくなるでしょ。願望を否定するでしょ。

僕は「自信があります」と毎日言っています。サラリーマンを長年やっていて、経験もありますからね。サラリーマンができたのだから、「物書き」にもなれると思っています。サラリーマンをバカにしてはいけませんよ。毎日同じ時刻に出社して、規定通りに物事を進め、残業もするときはして、家に帰って風呂に入り、晩酌をして、寝る。僕は、好きなことを抑えてそういったことを二十年以上もしているのですから、楽しいと思っている文章を書くことは簡単にできるのです。あっ、晩酌は好きなことでした（笑）。

「楽しみながら文章を書けばいいんですよ」と難なく言える自分がここにいます。

「僕は変わったなぁ」と、しみじみ思うのです。

「この本は売れる」でいいのです

そういうことなので、「この本は売れる」と言っています。いやそうじゃないな。「この本はベストセラーです」と言い切っちゃいました。言っているのだから、売れるでしょう。ベストセラー間違いなし。

こう考えているだけでウキウキしてきます。まさに夢中で実験をしている子供のようです。

もっといろいろなことを言ってやろうと思います。ただただ楽しいのです。うれしいのです。ワクワクドキドキするのです。

僕は変わりました。僕は「つらい」「悩んでいる」「苦しい」「暗い」「助けて」「情けない」「厳しい」「どうしよう」「悲しい」「寂しい」という言葉による経験をしてきました。しかし、こういった「言葉」を乗り越えてもきました。

本を出す上でこれが大事だったのだと今は思っています。「紆余曲折を経て」とか「つらいことを乗り越えて」とか「寂しさに耐えて」とか、その経験があるから、「魅力的な本」になるのだと思っています。

何もなければ本は書けません。例えば「何もない大地に、風が吹いていました。何もないのですから、物語はこれで終わりです。」と二行で物語は終わってしまうのです。

僕は人間です。人間だからこそ、物語が書けるのです。他の動物が小説を書いたという記事はまだ出てきていません。そうなのです。他の動物もいろいろなことをしています。しかし、それは生き抜くためのものなのです。それに職業というものは他の動物にはないでしょうね。パンダは確かにかわいいしぐさをしますよね。でもそれは「俳優」として演技しているのではないのです。笹をもらっても、ギャラはもらっていないでしょうしね。

僕は職業として「物書き」になると決めました。

常識外

あなたは常識的ですか？　あなたは勤め人ですか？　あなたはサラリーマンですか？

「常識」って何なのでしょうね？　健全な一般人が共通に持っている、または持つべき、普通の知識や思慮分別と、いうことらしいのですが。

僕の職場には、「常識的に考えてください」と言う人がいます。「一般的に考えてみてください」とも言います。「そうかな」って僕は思っちゃうのです。この人は想像力がないのかなって逆に思っちゃうのです。

この人から言われたことがあります。「一般的に考えて、あなたの子供がそうされたら嫌でしょう」。僕は冷静に答えました。「僕、子供いないんです」。常識ってこういうことなのでしょうかね。

「常識的に考えて」「一般的に」って言う人の「常識」って大半が「持論」なのではないかと僕は思うのです。

僕は普通のサラリーマンです。僕が本を出すと言い出したら、あなたは僕に何と声をかけてくれますか?

「常識的に考えてやめなさい」と言う人はいるでしょうね。「本を書くなんてできないだろ」と言う人もいるでしょう。「そんな、生易しいことではないよ」とも言われるでしょうね。

それとは逆に、「やってみればいいじゃん」とか、「応援していますよ」って言ってくれる人もいます。

「常識的」って何なのでしょうね。いろいろな意見があって当たり前だと僕は思うのです。

「常識的に考えてください」って言う人の意見も分かります。でも「常識外のことも起こる」と僕は思っています。僕は常識外のことも信じています。普通のサラリーマンが本を出してもいいと思っています。

言葉が溢れる

僕は言葉を信じます。「僕は本を出しました」「その本は魅力的な本です」「その本はベストセラーです」と言い続けています。

そうなのです。僕は「言葉」に動かされているのです。「僕は魅力的な人間です」と言っています。そうなのです。魅力的な人間が書く本は魅力的になっちゃうのです。

そして、魅力的な言葉が溢れてくるのです。

ただ言葉を言えばいいのですね？　と言われれば、それに加え、いかに言葉に共鳴できるか。いかに言葉を感じることができるか。そして、言葉との信頼関係を築くことができるかだと思います。

言葉との信頼関係なのです。例えば「幸せだなー」と言ったとしたら、あなたがそれを信じなくてはならないのです。「幸せだなー」って感じなくてはならないのですよ。そして、「幸せ」を受け取らなくてはなりません。それができますか？　幸せになる覚悟があなたにあるでしょうか？

あなたは「幸せ」を否定していませんか？「僕は幸せになれっこない」とか「私は幸せになれる資格がない」とか言っていませんか？

資格がなくても「幸せ」になれるのです。だけど僕は考えました。幸せになるための試験があったら、それはそれでおもしろいだろうな、と。例えば「幸せ検定三級」とか「幸せセンター試験」とか「幸せカウンセラー試験」とかあってもいいのかなと思います。

「あっ、また魅力的な考えが浮かんじゃったなぁ」と僕はこの文章を書きながら、言ってしまいました。

僕は既に「幸せ検定二級」を取得しています。今、「一級」目指して日々努力しているのです（笑）。

あなたは「幸せ」になる覚悟がありますか？　そして「幸せ」は存在するのだと信じていますか？「幸せ」はあると信じていれば、「幸せ検定」にも合格するでしょうね。

僕の現状

僕は、月五万四千円のアパートで、発泡酒を飲みながら、文章を書いています。もっともっと文章を書く時間が欲しいと思いますが、サラリーマンの僕は、八時二十分から夕方五時までは仕事をやっています。残業を少しして、家に帰るのは夜の八時頃です。アパートの部屋のカギを開け、一応「ただいまー」と言って入りますが、そこには誰もいません。暗いので電気をつけますが、やはり誰もいないのです。

ここで自虐的なネタでも書いてやろうかと思いましたが、それはやめて、真面目に書いていきます。

僕は、何回も言いますが、冒頭で書いた言葉「僕は本を出しました」「その本は魅力的な本です」「その本はベストセラーです」という言葉を口にします。

過去の僕は寂しさもあり、家に帰ってからすぐにテレビをつけてしまっていましたが、この言葉のおかげで、帰ってすぐにテレビをつけることはなくなりました。

まず風呂に入ります。風呂から上がると、一人で料理を作ります。そして、冷蔵庫から発泡酒を取り出して、飲むのです。「ぷはー、これはたまらないぜ」と言います。

そして、パソコンを立ち上げて、言葉を書きだすのです。

「今の生活は楽しいですか?」って誰かが僕に聞いてくるのです。僕は「楽しいわけないだろ。これでいいわけがない」と応えます。この生活と環境に満足しているわけではないのです。

理想は、

「月五万四千円のアパート」↓「大豪邸」へ、

「発泡酒」↓「年代物の高級ワイン」へ、

「一人」↓「温かい家庭」へ、
なのです。

そりゃ、今の環境なら、自虐的になってもおかしくはないですけどね。

ワクワクすること

「本を出そう」「表紙が綺麗な本がいい」「新しいインクの匂いの本」「魅力的な本」「ベストセラー本」本当にワクワクします。

このワクワク感があるために僕は楽しいのです。ワクワクするから楽しいのです。そのためにこうやって文章を書いているのです。ワクワクすると楽しくってどんどん言葉が浮かんできます。

若いうちにワクワクする人もいるし、僕のように年がいってからワクワクできる人もいるのです。

年を取ると「物事に興味がなくなる」「やる気がなくなる」「好奇心が湧かない」と言う人が増えるようですが、それは人それぞれ、イキイキとしているお年寄りもいるのです。

ワクワク以外に「心を躍らせる」「胸が弾む」「心ときめく」とかありますよね。「わしゃ、そんな感情はとうになくなっておるわい」と言う人もいるかと思いますが、「楽しい」と思って生きていた方がいいじゃないですか。

それに「ワクワク」という言葉は若者言葉ではありません。全ての世代に共通している言葉なのです。世代ではなく、その人間（個人）が「ワクワク」という言葉を受け入れられるかということなのです。

僕は「本を出した」「その本は魅力的だ」「その本はベストセラーだ」という言葉により、「ワクワク感」を保っていられるのです。言葉は本当にすごいんだなぁと僕は実感しているのです。

ついに完成

僕は、約半年をかけて本一冊分の原稿を書き上げました。でも疲労感はありません。書いているときは「楽しくって、楽しくって仕方がないんだよー」と言っていましたし、「僕は文章を書くことによって自分を癒やしている」と言っていましたからね。文章を書くことは、楽しいことであり、自分を癒やしてくれるものだったのです。

最近では、「言葉をうまく使えるようになったなぁ」と自分でも思います。言葉をうまく使って、文章を書いていったのです。

荒削りですが二百ページ分を書き上げました。「僕が書いた初めての本」「愛しい自分の文章たち」「我が分身」「自分自身を楽しませる素」「勇気を与えてくれる本」いろいろと表現してみました。

「よく出てきてくれた」と「文章たち」に、そして「言葉」に感謝しているのです。

僕は「言葉」にすることで、夢ってかなうのだと思っています。夢を「言葉」にしてみること、そして思い浮かんだことを実行に移すこと。僕はシンプルなことをやっただけです。

僕は、達成感と充実感でいっぱいです。今までやれなかったことが、ついにやれたのです。今まで中途半端で途中で諦めていたことが、達成できたのです。

「言葉」により、僕はどんどんどんどん夢がかなっていくのです。「夢がかなうってことに慣れなくてはならないなぁ」と僕は呟いていました。

僕は自信を持ってこの文章を世に出さなくてはならないのだと思ったのです。

出版社へＧＯ

大学三年生の就職活動の際に先輩にアポを取り会いに行った時のように、僕は出版社に電話をかけていました。

そして出版社に出向きました。

若い男性の編集者の方が対応してくれました。僕はまず初めに「僕は魅力的な人間です」と言っていました。

そして「あなたが常識外のことを信じているかを試しに来たのです。あなたが信じてくればこの本はベストセラーになります」と僕はその人に言いました。「あなたが信じてくれれば、この本はベストセラーなのです。そうあなた次第なのです」とも言いました。

僕の本はこの人にかかっていると思いました。するとその人はこう言いました。「おもしろいですね。本にしてみましょう」と。しかも笑っていました。

僕は思いました。この人は常識外のことを信じていると。

そしてこの本が発行されることになったのです。

僕はこの人をすごい人だなと思いました。僕はこの人に会うべくして会っているのだなと思ったのです。

この人は冒頭の「はじめに」でも書いた、株式会社幻冬舎ルネッサンス新社の佐藤さんでした。彼はあとでこう言ってくれました。「インスピレーションを感じました。それに自分で『魅力的な人間です』って言う人を僕はそれまで見たことがなかったのです」と言ってくれました。「見たことがない」それってジャングル奥地にいる珍獣みたいなものなのだろうなと思いました。僕は珍獣なのです。それを言ってくれた場所は、居酒屋でした。僕たちはおいしいお酒を飲めたのです。

僕は出版社に行くまでに、シナリオを書いていました。

（シナリオ）

【アポイントを取っていたので、僕は○○出版に出向いた。編集の方が出迎えてくれた。僕は原稿を渡し「絶対に売れる本」ですと言った。

編集の方は「どれどれ拝見」とパラパラとページをめくった。僕は自信があったので、その様子を見ていた。編集の方は「おもしろいですね。本にしましょう」と言ってくれた。

常識の外から幸せはやってくるのです。この編集の方も常識外のことを信じてくれる人間なのだと思いました。

そして、僕の本は完成し書店に並んだ。そして今週のベストセラーのコーナーの一番上に僕の本は並んでいるのです。】

ほぼシナリオ通りです。

この本を読んでいる皆さんへ。この本はベストセラーなのでしょうね。そう僕が「魅力的な本だ」「ベストセラーだ」と言っていたからです。

実は「この本」も「魅力的な本だ」「ベストセラーだ」と僕が言っていたので、その気になっちゃったんです。この本もおだてに弱かったみたいですね。そして、「この本」みずからが売れてしまっているのです。

例えば、この本みずからが、そろそろーって本屋の一番目立つところに移動していたとか、「購入してほしーの」って素振りをしていたとか、お客さんが目の前を通った時にパラっとページをめくったとか、そういう努力をこの本がしていたということなのです（笑）。この本自体が、「僕は魅力的な本なのだ」「僕には自信があるのだ」と言っているのです。

「僕は魅力的な人間だ」「全てうまくいく」と言っていました。そしてその言葉は僕に降り注いできたのです。どんどんどんうまくいってしまうのです。

僕は「魅力的な本」「ベストセラーの本」を書いてしまったのです。そうこれも「言葉」のマジックなのです。

6章 楽しいことをしていこう

楽しんでもいいんだよ

僕は離婚しました。離婚したのは事実です。そこで僕は思ったのです。「離婚した僕は、楽しんでいいのだろうか？」というものです。僕の中で今まで離婚のイメージはいいものではなかったのです。しかし、発想の転換で何とでもなると思うようになりました。「考え方」次第でよい方向に進んでいくのだとも考えました。

そして答えは出ました。「離婚しても楽しんでいいんだよ」というものです。「さあて、思いっきり楽しもう」とも言ってしまいました。

そして、目標を文章に書いていきました。やりたいことを書いていきました。それを実行していっただけなのです。そうしたら、言葉通りになってしまったというわけです。

これは、奇跡なのでしょうか？　いいえ、そうではありません。僕が望んだことを言っただけなのです。そして脳は僕にやり方を教えてくれます。プラモデルを作ることと同じです。「プラモデルを作ろう」と言ってしまえば、設計図通り組み立てるでしょ。それと同じなのです。

僕は、目標を決めました。そして言葉にしました。自然と設計図は出てきます。突然現れます。それを基に、自分を組み立てていけばいいのです。そうしたら、理想の自分が出来上がるっていうことです。だから、奇跡ではないのです。

それを、奇跡と言う人がいるのならそう言ってもいいのですが、「自分の能力」と言ってしまった方がいいと思います。それを言うことにより、自分に植えつけられるものがあります。それは「自信」です。植えつけられた「自信」は、植物と同じで成長していきます。やがて花が咲き実を結ぶのです。

自分で自分を褒め称えることで、「自信」が生まれてくるのです。

俯瞰

僕は高いところが好きです。というか、高いところから下を眺めるのが好きです。

僕は仕事で高いところに上ることがあります。建物の屋上から見下ろすと人間は本当に小さく見えます。人間はアリンコのようです。高いところから下を見下ろすのは大変気持ちがいいものなのです。僕にとってはね。僕は高所恐怖症ではないということです。

「離婚だな」と僕が妻に言いました。言っちゃったことを僕は実行したまでです。だから「言葉」の力って強いのです。離婚したあとで、僕はボーッとしたり、落ち込んだり、いろいろなことを考えたり、カリカリしたりしていました。

ふと、僕は冷静になろうと思い立ちました。自分を俯瞰してみようと思ったのです。

自分自身を知るということが大切だと思います。自分自身を知るためにも、俯瞰して見下ろしてください。あなたは今どこにいますか？　パソコンの前にいるなら、少し意識を体から引っ張り出して、あなたの背後に意識を持っていきましょう。あなたの意識は少し高いところにいて、自分の背中を見ていると思ってください。

あなたは忙しく原稿を書いているとします。文章に悩んでいたりしていますよね。頭をポリポリ掻いていますよね。そう、後ろからあなたを見るのです。あなたがあなた自身を見るのです。自分を見るのは嫌だ、と言う人もいるでしょうが、嫌だと言わないで見てみましょうよ。

僕はそうやって自分を俯瞰して、見てみました。「なるほど、僕は落ち込んでいるみたいだな」とか「カリカリしているな」とか客観的に自分を見ることができました。そして「もっと冷静になればいいんじゃないの」と自分に向かって言ったのです。僕は僕の発した言葉により冷静になれたのです。

僕は歩いていても、意識を一〇〇メートル上空に浮かせることができます。僕はそこから自分を見るのです。「建物の屋上から見下ろすと僕は本当に小さく見えます。僕はアリンコのようです。上から下を見下ろすのは大変気持ちがいいものなのです。僕にとってはね。僕は高所恐怖症ではないということです。」

あれっ、前に書いたことと同じことを書いているな（笑）。そして、気が付くのです。「一〇〇メートル上から見る自分は、周りの人間たちと同じで、すごくちっちゃいな。自分の悩みもちっちゃいちっちゃい」って。

できること

「僕はできる男だ」と言っています。この数カ月の間に僕はいろいろなことをやってきました。「離婚」「引っ越し」「心理学の資格取得」「英語の勉強」「服を買う」「メガネを買う」「料理を作る」「食器を洗う」「掃除をする」「ゴミを捨てる」「本を出した」いろんなことをやっています。もちろん仕事もやっています。

そうなのです。僕は「できる男」なのです。いろんなことができてしまうのです。これは自信につながりました。

僕はいろいろな経験を積みたいと思っていたのでしょう。そのために、いろいろなことが僕に降りかかってきたのです。

僕はそれを一つひとつ解決し、達成させてきました。僕は「めんどうくさい」と思ったこともできるようになりました。僕は「何でもできる」と言っています。そう、僕が「言葉」にしたことは何でもできるのです。

「また一つ、分かっちゃったな」と僕は呟いていました。

つまり、「離婚」ができたのだから「引っ越し」もできる。「引っ越し」ができたのだから「心理学の資格」も取得できるし「英語もしゃべれるようになり」「服が買える」のだから「料理もできる」そんな風にみんなつなげてみたのです。

「できない」という言葉は出てきませんでした。「僕はできる男だ」と言ってしまっているのです。だからできてしまうのです。

何でもできる

「あなたは何でもできますね」と僕は言います。あなたはこう答えます。「いえ僕なんて、何もできませんよ」

僕は「これはやばい」と思います。なぜなら「何もできません」ってあなたが言ってしまったからです。たとえ謙遜であってもそうは言わないでください。本当に何もできなくなってしまいますから。そういうときは「できることもありますし、できないこともあります」と答えてください。本当は「僕は何でもできる人間です」が一番いいのですが、なかなか人前では言えないですからね。

あなたは、本当は何でもできるのです。やろうと思えば何でもできるのです。「料理はできません」とか「家計簿はつけられません」とか言いますが、やろうと思えばできるのです。あなたがやらないだけなのです。

あなたは空気を吸っていますよね。食事も取りますよね。やろうと思えば何でもできます。

あなたがサラリーマンで何年もその会社に勤めているなら、仕事をやってきたわけですよね。与えられた仕事をこなせるわけですよね。じゃあ、自分が楽しいと思うこともできますよね。

取捨選択

心理学の資格を通信講座で取得しました。ただ僕は「心理カウンセラーになる」とは言っていません。僕は「言葉」を敏感に受け取ってしまう体質なので、書いたり、言ったりするとすぐに行動に移してしまうのです。「僕は心理カウンセラーだ」と言ってしまえばそうなると思いますが、その勉強にかなりの時間を費やさなくてはなりません。

やりたいことは山ほどあるのです。しかし、僕の体は一つしかありません。「コピーロボットがいれば、そいつとやりたいことを分担するのにな」と考えましたが、多分コピーロボットはいません。

そこでやりたいことを取捨選択したのです。いいえ、やりたいことを捨ててはいませんが、「言葉」に出さなかっただけです。

まず、やりたいことに優先順位を付けることです。そして、言ってください。「テレビを見る」「ラジオを聴く」「本を読む」「友達と電話する」「絵を描く」「ボーっとする」これって同じ時間に一緒にはできないですよね。もしかしたら聖徳太子のようにできる人はいるとは思いますが、僕のように複数のことを一緒にできない人は、理想の言葉を絞って言ってください。そして、時間の配分が大切です。

僕は理想の自分、なりたいもの、かなえたいことをいろいろと、長々と言っていますが、集中するときには言葉を絞り込みます。「僕の肩書はエッセイスト・作家・物書きだ」とやりたいことを選択して言うのです。

なぜなら僕の体は一つであり、脳も一つであり、「言葉」を実行できるのは僕だけだからです。

シナリオ通り

計画は変更できるのです。今「つらい」とか「苦しい」とか思っている人はいますか？　そういう人は手を上げてください。あらあら、けっこういますね。

あなたは「つらい」「苦しい」「悲しい」「寂しい」とかいうものが好きですか？

多分「私はそんなものは好きではありません」と言うでしょうね。でも、もしかしたら、その「つらい」「苦しい」「悲しい」「寂しい」ってことをあなた自身が選んで行動に移しているのではないですか？

あなたは「そんなことはありません」「私は幸せになりたいのです」と言うでしょ

う。

でも、あなたが計画して「つらい」と言っているのではないのですか？　ようく考えてみてください。あなたは知らず知らずのうちに「つらい」に浸っているのですよ。自分が作った計画を実行しているだけなのですよ。

でも安心してください。計画は変更できるのです。僕はそう思います。だって僕が計画を変更して幸せになった人なのですから。

僕は何となく気が付いていたのです。「苦しいことが起こっているな」とか「僕は不幸癖があるな」という感覚です。

僕は計画してきました。つまりシナリオを自分で作ってきたのです。それを実行していただけなのです。そう、まずは「自分で計画してきた」「自分でシナリオを作った」ということを認めることなのです。

計画は変えられる

「不幸になるシナリオを作っていただけ」「それを演じただけだ」と言いましょう。

お分かりですね。自分でシナリオを作ったということは、そのシナリオを自分で変えることができるのです。自分で自分を変えることができるのです。

「『つらい』と思うような経験を積みたいと思って生まれてきました」とか「自分で計画して『苦しい』という思いをしています」とか言ってしまいましょう。

そして、その計画通りに動いていただけなのです。それが嫌だと思うなら、「こんなことは嫌だ」と言いましょう。

「自分で計画を立てて、自分で実行してきたのだから、自分で計画を変更します」と宣言してみましょう。

そして計画を立て直すのです。

こういうシナリオはどうでしょう。「僕は苦しいという言葉しか信じていなかったのです。しかし、テレビである人物のドキュメンタリーを見てから、僕は猛勉強をして、とうとう外科医になりました。僕は山下という苗字なので、今では『ドクターY』と呼ばれています」とか「私は失恋をして自信を失っていましたが、ある本と出会い、『私は魅力的な人間だ』と言い続けていたら、人に会いたい、人に優しい言葉をかけてあげたいという衝動にかられ、大学のボランティアサークルに入りました。それはもう何年も前の話です。今はそのサークルで知り合った男性と結婚して幸せな家庭を築いています」とかですかね。

認める

自分で計画を立てたと認めてしまいましょう。「過去に起こったこと全て自分で計画を立てて、自分で実行したものです」と僕は認めてしまいました。

そう認めてしまったのです。全ての自分の行動は自分で考えていたことの現れなのです。

ですので、他人に責任転嫁はできません。自分のことなのですから。

そして分かっちゃったんです。自分で計画したということは、変更が可能だということに。そして未来についても自分が計画を立てていいということを知ったのです。

僕は計画に没頭しました。自分の時間を使い理想の自分を描きました。計画を練りました。

「本を出版した。その本は魅力的な本です。その本はベストセラーです」「僕の肩書はエッセイスト・作家・物書きだ」。短いシナリオですが、僕はこの言葉を言い続けました。

僕は高校生の時に俳優になりたかったと書きましたが、この「本を出版した」という短いシナリオを高校生の時の自分に戻って感情を込めて言い続けたのです。そして「物書き」という職業を演じたのです。そうしたら、この本が完成してしまったということです。

ことわざ

僕は自分で人生を切り拓けると思っています。自分でシナリオを書き換えることもできると言いました。今は書き換えたシナリオ通りに事を進めています。

では、以前の僕のシナリオはどういうものだったのでしょう。それを思い出してみましょう。

僕は、あることわざに影響を受けていたのだと気が付いたのです。それは「若いうちの苦労は買ってでもしろ」というものです。

僕が小学生の時に学校の先生が、そのことわざをよく言っていました。僕はそのことわざを基にシナリオを作ってしまったのです。そして「とにかく、苦労しよう」と心の中で呟いていたのだと思います。

僕はシナリオ通りに演じてきたのです。僕は小学生の頃「親から怒られたい」「うちの親は甘いんだよな。何で僕を叱らないんだ」と心の中で言っていました。「そんな子供がいるのですか?」と言う人もいるかと思いますが、ここにいるのです。

前にも書きましたが、僕は中学生の頃、風呂に浸かりながら「一日に最低一回は悩もう」と言っていました。これもシナリオ通りだったのです。

社会人になっても、「僕って苦労ばかりしているなぁ」「なんかつらいんだけど」って言いながら働いていたのです。

ただ苦しいだけなのです。ただつらいだけだったような気がします。そりゃそうですよね。「苦労」をしようというシナリオだったのですから。

僕のシナリオは「若いうちの苦労は買ってでもしろ」だということに気が付きました。そして今の僕はこう言っています。「もう僕は若くはない。つまり、もう苦労しなくてもいいのだ。そして、僕は若いうちから大金をはたいて『苦労』を買っていたのだ。今は、その『苦労』が僕の財産だ。さあこれから『苦労』を売って、『幸せ』を買い戻すことにするよ」

シナリオを意識してみる

何度でも言います。実は計画は変えられるのです。最初の計画は書き直せば変えられるのです。僕は居酒屋のカウンターの席でこう言います。「くそまじめに計画通り生きてきちゃったな」そして苦笑いしながら日本酒をあおるのです。

僕は十五歳の君に言いたい。「自分が思い出さなくても計画書は作られているんだよ。それを意識しながら生きてみるとおもしろいよ」と。自分の性格も行動も計画通りなのです。しかしそれは変えられるのだよ。それが分かれば心が楽になるよ。楽しくなるよ。十五の君へと言ったのは、僕もそうだったのだけど、思春期の悩みって意外と根深くて、それが原因で心が疲れてしまっている若者も多くいるからなのです。「七十歳ですが、私にも何か言ってください」という言葉が聞こえてきましたよ。では、七十の君に僕から言います。「自分が思い出さなくても計画書は作られているんだよ。それを意識しながら生きてみるとおもしろいよ」と。あれっ、十五にも七十にも同じことを言っているなぁ。

そうなのです。自分で計画は変えられるのです。そう自分で決めていいのです。あなたが何歳だろうが計画は自分で変えられるのですよ。

実はあなたが会っている人たちがあなたにメッセージを送っていたのです。ヒントを与えてくれていたのですよ。あなたがどういった計画を立てていたのかを、教えてくれていたのですよ。それを意識できれば楽しくなるよ。それをあなたが受け取らないとはねつけていただけなのです。受け入れないと言っているだけなのです。

僕があえて人に会わなかったのも、人嫌いだと言っていたのも、出会った人との関係をうとましく思っていたのも、出会った人が発した言葉の意味を深く考えなかったのも、「僕は変わりたくない」「計画を変えたくない」「計画通りに生きるのだ」とかたくなに思っていただけなのです。僕ってやっぱり頑固なんですね。

縁の下にて

僕が作ったシナリオ通りに、僕は人に出会っているのだと思っています。その一人が前にも書きましたが、中学時代の野球部の監督です。

監督が言った言葉をもう一度書きます。「県大会で準優勝したのは、レギュラーメンバーだけの力ではない。いつも練習を支えてくれた『縁の下の力持ち』がいてくれたからなのだよ。それを肝に銘ずること」とレギュラー組と補欠組を交互に見て言ってくれたのです。

僕はこの言葉により、「縁の下の力持ち」として生きてきてしまったのです。もちろん、自分でその言葉を受け取って、自分でシナリオを作ってしまったのです。それに従って生きてきたということです。

中学校時代は野球部で補欠でした。用具を運んだり、ゲージを動かしたり、トンボをかけたり一生懸命やりました。「縁の下の力持ち」として働きました。高校生、大学生の時はその「縁の下の力持ち」が嫌で嫌で仕方がありませんでしたが、シナリオ通り動いてしまったのです。どうしても逃れられない下働きをやっていましたね。サラリーマンになってからも、自分で仕事を抱え込んでいました。

「正直、つらかったなぁ」

過去は変えられないことは分かっています。でもシナリオを書き換えられると分かってしまった僕は、未来を変えてみることにしました。

〈シナリオ〉

僕は、「縁の下の力持ち」です。みんなのために一生懸命頑張ってきました。みんなが嫌がる仕事も引き受けました。どんどん肩の荷は増えていきました。「つらい」

「苦しい」「重たい」「もう耐えられない」という言葉が出てきました。そして「誰か助けてくれー」って大声で叫んだのです。

そうしたら、僕はトリップしていました。僕は群衆の中にいました。みんな、手を上げているのです。上にある広大な板をみんなで支えているのです。僕も手を上げ、板の持ち上げに参加しました。大勢の人が手を上げているのですが、いろんな人がいます。老若男女。スーツ姿のサラリーマンもいますし。主婦もいる。野良着の老人もいます。

僕の隣のスーツ姿の四十代のサラリーマンが僕に「あなたはここから出ていってください。そして、僕たちが何をやっているのかを、世に知らしめてください」と言うのです。僕は「えっ」って返しました。

六十代の割烹着の主婦は「今すぐここから出て、あなたの体験したことを言ってください」と訴えてきました。「そして、自分を大切にしてください」とも言うのです。周りの人たちも微笑みながら僕にうなずいています。

僕はなんとなく分かっていたのですが、半信半疑でした。「ここから出ていいのだろうか?」「自分だけが幸せになっていいのだろうか?」と思ったのです。

すぐ傍にいた八十代の男性が「何をぐずぐずしておる、早く出んかい」と言います。二十代のＡＫＢ４８にいるような女性も「早く出て、お願い」と言いました。

僕はこの人たちともっと一緒にいたいと思いましたが、この人たちの思いに応えるべくみんなを掻き分けて、明るい光の方に進んでいきました。そして、外に出たのです。

そして、後ろを振り返りました。縁の下には大勢の人がいて、僕に向かって微笑んでいるのです。僕は思わず涙が溢れてきました。僕は泣きながらこう言ったのです。

「必ず、みんなをここから出してあげますね」

支える人、支えられる人

僕の経験から言います。僕はシナリオ通り生きてきましたが、やはり「つらい」と思いました。そう思っている人は大勢いるのです。僕は縁の下で手を上げて、上にある板を大勢の人たちと支えてきました。だけど、みんな、「苦しい」とは言わないのです。みんななぜか笑顔なんですよね。僕もそうでした。僕も愚痴を言ったことがありません。それが「縁の下の力持ち」なのですから。

僕は縁の下に随分長くいました。でも、自分のことを理解して、外に出ることができました。縁の下には今でも何十万人、何百万人もの人がいます。もっと多いかも知れません。その人たちの上、つまり家屋には同じく何百万人もの人が、快適に暮らしています。僕はその人たちに言います。

「あなたたちの快適な暮らしは『縁の下の力持ち』がいてのものなのですよ」

僕はもう縁の下には戻らないと思います。それにシナリオを書き換えてしまったのです。あの暗くてジメジメしたところにはもう戻れないのです。

「縁の下」に戻らない代わりに、僕は本を書きました。自分が体験してきたことです。僕はこの本を誰に読んで欲しいと思っているのか、もうお分かりですよね。そうです。僕もかつていた縁の下、そこにいる大勢の「縁の下の力持ち」たちになのです。そして僕は「みなさんも早く計画を立て直してください」「そして早く縁の下から出てきてください」と言っているのです。

何の映画だったか

僕は観ていないのですが、最初は年寄りでだんだん若返っていくという映画があったと思います。それって発想がおもしろいなと思います。

実は僕がそういう人間なのです。あっ、もしもし、そうやって遠ざからないでくださいよ。まあ聞いてください。

僕は子供のころから「じじくさい」人間でした。考え方がいようにじじくさくって子供っぽくありませんでした。小学生の頃がそういう人間でした。中学生の時の愛読書は『ノストラダムスの大予言』一九九九年七の月に人類は滅びるという予言を信じていました。そして大人になり今に至りますが、だんだんと若くなっているのです。体でなく精神的に若くなっていると実感しています。

小さい頃から、大人の気持ちというか、「先生の言うことを聞かなきゃだめじゃないか、みんな子供だなぁ」と同級生をそんな風に見ていました。

二十六歳の時に左足を骨折して、右足に負担をかけながら歩いてきました。激しい運動をすると左足が痛くて仕方がありませんでした。そのせいでしょうか、二十代、三十代の時でも動きは鈍かったと思います。

四十代でゴルフを始めました。そうして、改めて足を治したいと思い立ったのです。

今は反抗期なんだと思います。五十代での反抗期。こうやって年齢に逆らっていたいと思うのです。

「これって、僕が計画していたものなんだろうなぁ」と考えるようになりました。

今は「映画も観ていないなぁ」と思っています。若い頃は映画ばかり観ていたのですが、これも若返っているのかもしれません。今は映画を観るのではなく自分で行動したいと思っているのですから。

それに「映画よりも自分の人生の方がおもしろい」って思っているのですから、すごい自信ですよね。

若いときには神頼みしかしませんでした。「神様お願いがあります」とよく言っていました。今は「自分で何でもできる」「夢は自分で掴むものだ」と言っています。だんだん四十代頃から少しずつ人生は楽しいんじゃないかなと思い始めてきました。五十代で「楽しくって楽しくって仕方がないんだよー」と言っています。だんだん若返っているなって思うのです。

女神様

僕は女神様に会いました。本当に綺麗な神様でした。その女神様が僕に言ったのです。

「あなたが私を選んだのですよ」

この言葉が頭から離れません。そして、女神様に会ったのは現実なのか夢なのかも分かりません。

このことだけがどうも分からないのです。

じっくりと時間をかけて考えました。そして、「そうか」と僕は思いました。「そうか、僕が女神様を選んだんだ」そして女神様が僕の前に現れてくれたということなんだ。

女神様だけではありません。僕がこの人生を選んだということなんです。そう選んだのは僕なのです。

僕は眠っていたのかもしれません。本当に女神様に会っていたのかも僕には分からないのです。

僕は現実を重視していますが、僕だって不思議な経験の一つや二つは持っています。夢かもしれません。でもその女神様の顔はよおく覚えています。本当に綺麗な顔をしていました。

そして女神様が「あなたが私を選んだのですよ」と言ったのもはっきりと覚えています。

選ぶ

「あなたが私を選んだのですよ」という女神様の言葉の意味は何だったのでしょう。どんなメッセージが込められていたのでしょう。

僕はテレビっ子でした。毎日テレビを見ていました。アニメはよく見ましたね。お笑い番組も見た見た。ドキュメンタリーや情報番組も見ましたよ。ほとんどの情報をテレビから得ていたような気がします。

今の時代、テレビだけではなく、インターネットもあるので、情報は氾濫しています。その膨大な情報を全て受け取ることはできないのです。

テレビを見て、ネットを見て、ゲームをして、あなたが社会人なら仕事もしなくてはなりません。一日二十四時間では足りないですよね。

僕はあなたに言います。「やるべきことを選んでください」と。

僕は、またまた分かってしまったのです。女神様の言っていることはこれだったのだと。

僕もやりたいことはいっぱいあります。でもそれを絞らなければ、全て中途半端で終わってしまいます。

仕事をやって、本を書き、心理学と英語の勉強をする。これだけやるだけでも、「時間が足りないなぁ」と思います。そして、気分転換にゴルフの練習にも行ってしまうのですから、僕って欲張りだなぁって思います。そして、時間がもっと欲しいと思うのです。

「あなたが私を選んだのです」とはそういうことだったのかと僕は思っています。つまり、やるべきことを選ぶのは自分自身だということなのです。

女神様は何人もおられるのだと思います。その中から僕がその女神様を選んだということなのです。その女神様を選んだのは僕なのです。選ぶという行為をあなたがしたのですよ、ということを女神様は伝えたかったのだと思います。

そして、女神様は言ってはいませんが、「私を選んでくれてありがとう」って思っているのかなと勝手に想像しているのです。

目標

「私は選ぶことができません」「何を選んだらいいのですか?」と言う人もいるかと思います。

そういう人は、まず自分を見つめ直してください。その時にはテレビを消してください。インターネットやゲームもやらないでください。少しの時間でいいのです。あなた自身を見つめ直してみましょうよ。

難しく考えなくてもいいと思います。では僕が聞きます。

「子供の頃のあなたの夢は何でしたか？」「今の生活にあなたは満足していますか？」「あなたは疲れていませんか？」「あなたがつらいと思っていることは何ですか？」「では逆にあなたの幸せは何ですか？」

本当にシンプルな質問ですよね。だけど、この簡単な質問にも答えられない人がいます。それは自分に自信がない人、もしくは自分を見失っている人だと思います。

自信がない人は、自分のことを考えると苦しくなってしまうのでしょうね。自分を見失っている人とは、自分を持っていない人のことです。つまり、周りの意見に流されてしまう人なのでしょうね。

そして、もう一つ考えられるのが、自分自身のことを言わないというシナリオを書いてしまった人なのでしょうね。僕がそうでした。だから、つらくても「つらい」と言えませんでした。自分の「幸せ」だと思うことも言えなかったのです。

それでいいのでしょうか？

僕は言います。「これではいけない」「これでいいわけがない」と。

僕は五十二歳。バツイチ、独身。アパートでひとり暮らし。テレビを見ながら焼酎を飲んでいました。この生活をずーっとしていくのだろうかと考えたら言葉が出てきました。「これでいいわけがない」

幸せとは

「幸せだなぁ」と言っていれば幸せになれると言っていますが、幸せではない環境でそれを我慢するために、現実逃避するために「幸せだなぁ」という言葉を使うのはやめましょう。

「この職場は幸せな環境ではない」「僕の幸せはほかにある」「この書類が山積みの机を見て幸せだとは僕は思わない」「くたくたになるまで仕事をしているのが幸せではない」「どんどん仕事を増やすのはもう勘弁願いたい」

そういうことを僕が言わないから、仕事にかき回されてしまうのだ。気を遣ってそれを言えなかっただけだ。悪いと思うな。どんどん言ってしまえ。そうしないと環境は変わらないぞ。

それに、我慢するのは体によくないしね。

「僕の幸せはほかにある」「僕は本当に幸せだと言える環境で『幸せ』だと言うのだ」

僕は「若いうちの苦労は買ってでもしろ」「縁の下の力持ち」という言葉の影響で、自分を抑えてきてしまったような気がします。そして、他人に対して気を遣い過ぎてしまったのだと思います。

親に気を遣い、兄弟に気を遣い、親戚にも気を遣い、妻にも気を遣い、職場でも気を遣い、人間でないものにも気を遣ってきました。犬や猫にも気を遣い、車に気を遣い、アパートにも気を遣い、テレビにも気を遣い、冷蔵庫、洗濯機にも気を遣っていました。気を遣い過ぎて疲労困憊でした。

疲労困憊になっても「幸せだなぁ」と言っていたのです。なにも疲労困憊を「幸せ」と言うことはないのにね。

今は、否定してみるということも大切なんだなと思っています。

年齢

僕の年齢は五十二歳です。安定を望んでもいい時期です。しかし、まだやり残したことがあるのだなと思っています。

「まだまだ、これからだ」と言っています。これから楽しもうとしている自分がいるのです。

子供たちを「未来がある若者たち」と言っていますよね。では、五十二歳には未来はないのでしょうか？　もちろん未来はあるのです。

僕は焦ったりした時に言う言葉があります。それはPlenty of timeという英語です。意味は「十分に時間はある」ということです。「プレンティーオブタイム」と言っています。

五十歳を超えているこの男がこういうことを言っているのですよ。「まだまだこれからだ」でもいいし、「絶対あきらめないよ」でもいいのです。自分にあった前向きな言葉を使ってみましょう。

僕は、若くいたい、と思っています。では言葉で表現しましょう。「年は取らない」としましょうか、でも年は取るのです。「年は取るけれども若々しくいたい」そう書きましょうか。それでいいと思います。あなたもいろいろな言葉を使ってください。そして、言葉を作ってください。言葉遊びですよ。遊びっておもしろいでしょ。子供の頃に戻れるしね。つまり、若々しくいられるのです、遊んでいると。

「僕はイキイキしている」「僕には活力がある」「僕は声がとおる」「僕は疲れていない」

さあ脳は考えましたよ。どうなりましたか？　僕は洋服を買いました。少し派手な色にしましたよ。「言葉」により変わったことを実感してみてください。

僕、分かっちゃったんです

「何もかも分かっちゃったんです」と僕は言いました。そして目が皿のように大きくなりました。おおげさですけどそんな感じです。いつもへの字になっていた口角も上がっています。

そして誰にでも優しくなってしまったのです。そして僕も優しさを受け取ることができたのです。

もう人間も怖くありません。他人とも楽しく会話ができます。全然めんどうくさくもありません。

僕は幸せです。その意味も分かりました。

こうやってインスピレーションを受け取れるのです。

頭に浮かんだことをこうやって書いています。自然と文字がこのワープロに打ち込まれていきます。

人が僕にヒントをくれることもありますが、こうやってインスピレーションを受け取ればいいのです。僕は幸せです。

「僕、全て分かっちゃったんですけど」と言ってしまいました。すると、全て分かっている魂が僕のところにやってきてくれました。

僕は全て分かってしまったのです。魂が教えてくれました。

僕は分かってしまったのです。

僕は幸せです。

つまり僕は未来も分かるのです。

「僕は本を出しました」「その本は魅力的な本です」「その本はベストセラーです」

つまり自分で何でも決められる。全て分かっちゃたんです。

だから、こう言います。「全ては自分で決めているのだ」

インスピレーションなんです。インスピレーションを受け取るのも受け取らないのも自分で決めているのです。

周りの人が発した言葉に影響されるのかされないのかも自分で決めていいのです。

こうしたいと自分が思えば、魂は協力してくれます。

「僕はこの青空のように爽やかです」

そう言えば、爽やかな魂が僕に寄り添い僕を爽やかにしてくれます。

僕は全て分かってしまったのです。

（イメージです。イメージすることは大切ですよ）

7章 最後に

言葉と自分

「少し刺激が欲しいなぁ」と言っただけで、僕は離婚してしまいました。そして、自分自身を見つめ直してみたのです。そして、この本が生まれました。

この本を出版できたということは、僕の自信につながりましたし、今では自分自身を誇りに思っています。

これからも「言葉」について研究していこうと思っています。また、心理学を含めいろいろと勉強していくつもりです。

「幸せ」は奇跡なんかじゃありません。そう、自分自身で幸せを掴み取るのです。

僕は、これからどこに行こうかとワクワクしています。いろいろな場所に行けるのだと思っています。

僕は「これからの人間なのです」

そして言っているのです。「僕は魅力的な人間です」って。

この本を読んでくれた人へ

感謝の気持ちを込めて「ありがとう」と言わせてください。この本もあなたにとっては他人（僕）からの情報です。

他人の僕の話を聞いてくれてありがとうございます。

ただ、人間の心理としては他人がどういったことをしているかということを「知りたい」という思いがあります。

あの人がああいうことをしているから、自分もできるんじゃないかなとか、あの人のやっていることに憧れるとか、自分のワクワク感を高める材料として、サンプルとして、他人の行動を見てみたい、他人の話を聞いてみたい、と思っているのです。もちろん、他人の話は、こういうことはやってはいけないのだという反面教師的な面もあります。

この本の中に書いたことは、僕の話ですが、あなたに希望が湧いて、ワクワク感が高まればいいなと思っています。もちろん僕が反面教師でも構いません。何かを感じてもらえれば幸いです。

あなたはこの本を読破してしまったのですね。それってすごいことですよね。本を一冊読むことができたのですから。あなたは何でもできますよね。

あなたが「楽しくって、楽しくって、仕方がないんだよー」って言ってくれれば僕は幸せです。

そして、是非ともあなたに言わせてください。

「あなたは本当に魅力的な人間ですね」

著者略歴

林由人（はやし・ゆうと）

一九六五年生まれ。サラリーマン。物書き。

つらいことを乗り越えるため、苦しい思いを解消するために、執筆を開始。そして、心理学を学ぶ。

この本は、筆者の経験を基に、エッセイ、私小説、フィクションも織り交ぜて、「前向き」な生き方を表現している。

「つらい」と思っている人に、エールを送る。

「つらい」と思《おも》っている人《ひと》へのエール
あなたは本当《ほんとう》に魅力的《みりょくてき》な人間《にんげん》ですね

2019年6月28日　第1刷発行

著　者　　林由人
発行人　　久保田貴幸

発行元　　株式会社 幻冬舎メディアコンサルティング
〒151-0051　東京都渋谷区千駄ヶ谷4-9-7
電話　03-5411-6440（編集）

発売元　　株式会社 幻冬舎
〒151-0051　東京都渋谷区千駄ヶ谷4-9-7
電話　03-5411-6222（営業）

印刷・製本　シナジーコミュニケーションズ株式会社
装　丁　　江草英貴

検印廃止

Printed in Japan
ISBN 978-4-344-92331-7 C0095
幻冬舎メディアコンサルティングＨＰ
http://www.gentosha-mc.com/